FRIEDRICH HEBBEL

# HERODES UND MARIAMNE

EINE TRAGÖDIE IN FÜNF AKTEN

PHILIPP RECLAM JUN. STUTTGART

Der Text folgt der Ausgabe: Friedrich Hebbel: Sämmtliche Werke. Historisch-kritische Ausgabe. Besorgt von Richard Maria Werner. Erste Abteilung, Zweiter Band. Berlin: Behr, [1911]. – Die Orthographie wurde behutsam modernisiert, die Interpunktion original belassen.

Universal-Bibliothek Nr. 3188
Alle Rechte vorbehalten. © Philipp Reclam jun. Stuttgart 1966
Herstellung: Reclam Stuttgart. Printed in Germany 1979
ISBN 3-15-003188-5

## PERSONEN

König Herodes
Mariamne, *seine Gemahlin*
Alexandra, *ihre Mutter*
Salome, *Schwester des Königs*
Soemus, *Statthalter von Galiläa*
Joseph, *Vizekönig in Abwesenheit von Herodes*
Sameas, *ein Pharisäer*
Titus, *ein römischer Hauptmann*
Joab, *ein Bote*
Judas, *ein jüdischer Hauptmann*
Artaxerxes, *ein Diener*
Moses ⎱ *desgleichen,*
Jehu ⎰ *sowie noch einige andere Diener*
Silo, *ein Bürger*
Serubabel *und* ⎱ *Galiläer*
*sein Sohn* Philo ⎰
Ein römischer Bote
Aaron und fünf andere Richter
Drei Könige aus dem Morgenlande,
  *von der christlichen Kirche später die heiligen zubenannt*

Ort: *Jerusalem*
Zeit: *Um Christi Geburt*

# ERSTER AKT

## Burg Zion. Großer Audienzsaal.

*Joab. Sameas. Serubabel und sein Sohn. Titus. Judas und viele andere. Herodes tritt ein.*

### ERSTE SZENE

Joab *(tritt dem König entgegen).*
  Ich bin zurück!
Herodes.     Dich spreche ich nachher!
  Das Wichtigste zuerst!
Joab *(zurücktretend, für sich).*   Das Wichtigste!
  Ich dächte doch, das wäre, zu erfahren,
  Ob unser Kopf noch fest sitzt oder nicht.
Herodes *(winkt Judas).*
  Wie steht es mit dem Feuer?
Judas.           Mit dem Feuer?
  So weißt du schon, was ich zu melden kam?
Herodes.
  Um Mitternacht brach's aus. Ich war der erste,
  Der es bemerkte und die Wache rief.
  Irr ich mich nicht, so weckte ich dich selbst!
Judas. Es ist gelöscht! *(Für sich.)* So ist es also wahr,
  Daß er verkleidet durch die Gassen schleicht,
  Wenn andre schlafen! Hüten wir die Zunge,
  Sie könnte seinem Ohr einmal begegnen.
Herodes. Ich sah, als alles schon in Flammen stand,
  Ein junges Weib durchs Fenster eines Hauses,
  Das ganz betäubt schien. Ward dies Weib gerettet?
Judas. Sie wollte nicht!
Herodes.        Sie wollte nicht?
Judas.              Beim Himmel,
  Sie wehrte sich, als man sie mit Gewalt
  Hinwegzubringen suchte, schlug mit Händen

Und Füßen um sich, klammerte am Bett,
Auf dem sie saß, sich fest und schrie, sie habe
Mit eigner Hand sich eben töten wollen,
Nun komme ihr ein Tod von ungefähr!
Herodes. Sie wird verrückt gewesen sein!
Judas. Wohl möglich,
Daß sie's in ihrem Schmerz geworden ist!
Ihr Mann war augenblicks zuvor gestorben,
Der Leichnam lag noch warm in seinem Bett.
Herodes *(für sich).*
Das will ich Mariamnen doch erzählen
Und ihr dabei ins Auge schaun! *(Laut.)* Dies Weib
Hat wohl kein Kind gehabt! Wär' es der Fall,
So sorg ich für das Kind! Sie selber aber
Soll reich und Fürsten gleich bestattet werden,
Sie war vielleicht der Frauen Königin!
Sameas *(tritt zu Herodes).*
Bestattet werden? Geht doch wohl nicht an!
Zum wenigsten nicht in Jerusalem!
Es steht geschrieben –
Herodes. Kenne ich dich nicht?
Sameas. Du hast mich einmal kennenlernen können;
Ich war die Zunge des Synedriums,
Als es vor dir verstummte!
Herodes. Sameas,
Ich hoffe doch, du kennst mich auch! Du hast
Den Jüngling hart verfolgt, du hättest gern
Mit seinem Kopf dem Henker ein Geschenk
Gemacht; der Mann und König hat vergessen,
Was du getan: Du trägst den deinen noch!
Sameas. Wenn ich ihn darum, weil du mir ihn ließest,
Nicht brauchen soll, so nimm ihn hin; das wäre
Ja schlimmer, als ihn eingebüßt zu haben.
Herodes. Weswegen kamst du? Niemals sah ich dich
Bis jetzt in diesen Mauern.
Sameas. Deshalb eben
Siehst du mich heut! Du hast vielleicht geglaubt,
Daß ich dich fürchtete! Ich fürcht dich nicht!
Auch jetzt nicht, wo dich mancher fürchten lernte,
Der dich bisher, ich meine, bis zum Tode

Des Aristobolus, nicht fürchtete!
Und nun sich die Gelegenheit mir beut,
Dir zu beweisen, daß ich dankbar bin,
Nehm ich sie wahr und warne dich mit Ernst
Vor einer Handlung, die der Herr verdammt.
Die Knochen dieses Weibes sind verflucht,
Sie hat die Rettung heidnisch abgewehrt,
Das ist, als hätte sie sich selbst getötet,
Und da –
Herodes. Ein andermal!
*(Zu Serubabel.)* Aus Galiläa!
Und Serubabel, der mich – Sei gegrüßt!
Du selbst bist schuld, daß ich dich jetzt erst sah!
Serubabel. Viel Ehre, König, daß du mich noch kennst!
*(Deutet auf seinen Mund.)*
Nun freilich, diese beiden großen Zähne,
Die mich zum Vetter eines Ebers machen –
Herodes. Mein eigenes Gesicht vergeß ich eher,
Als das des Mannes, der mir treu gedient!
Du warst, als ich bei euch die Räuber jagte,
Mein bester Spürhund. Was bringst du mir jetzt?
Serubabel *(winkt seinem Sohn).*
Nicht eben viel! Den Philo, meinen Sohn!
Du brauchst Soldaten, ich, ich brauche keine,
Und dieser ist ein Römer, aus Versehn
Durch ein ebräisch Weib zur Welt gebracht!
Herodes. Aus Galiläa kommt mir nichts, als Gutes!
Ich lasse dich noch rufen.
*(Serubabel tritt mit seinem Sohn zurück.)*
Titus *(tritt vor).* Ein Betrug,
Den ich entdeckte, zwingt mich –
Herodes. Deck ihn auf!
Titus. Die Stummen reden!
Herodes. Deutlich!
Titus. Dein Trabant,
Der dir mit einem meiner Zenturionen
Die letzte Nacht das Schlafgemach bewachte, –
Herodes *(für sich).*
Den Alexandra, meine Schwiegermutter,
In meinen Dienst gebracht –

Titus.                    Er ist nicht stumm,
  Wie alle Welt von ihm zu glauben scheint;
  Er hat im Traum gesprochen, hat geflucht!
Herodes. Im Traum?
Titus.         Er war im Stehen eingeschlafen,
  Mein Zenturione weckte ihn nicht auf;
  Er glaubte die Verpflichtung nicht zu haben,
  Weil er nicht mit in der Kohorte dient,
  Doch sah er scharf auf ihn, um, wenn er fiele,
  Ihn aufzufangen, daß er dich nicht störe,
  Denn früh noch war es, und du lagst im Schlaf.
  Wie er das tut, fängt dieser Stumme plötzlich
  Zu murmeln an, spricht deinen Namen aus
  Und fügt den fürchterlichsten Fluch hinzu!
Herodes. Der Zenturione hat sich nicht getäuscht?
Titus. Dann müßt' er selber eingeschlafen sein
  Und wär' ein schlimmres Zeichen für die Zukunft
  Der ew'gen Stadt, als jener Blitz, der jüngst
  Die Wölfin auf dem Capitol versehrt!
Herodes. Ich danke dir! Und nun –
  *(Er verabschiedet alle bis auf Joab.)*      Ja, ja, so steht's!
  Verrat im eignen Hause, offner Trotz
  Im Pharisäerpöbel, um so kecker,
  Als ich ihn gar nicht strafen kann, wenn ich
  Nicht aus den Narren Märt'rer machen will;
  Bei jenen Galiläern etwas Liebe,
  Nein, eigennützige Anhänglichkeit,
  Weil ich der Popanz bin mit blankem Schwert,
  Der aus der Ferne ihr Gesindel schreckt;
  Und – dieser Mensch bringt sicher schlechte Botschaft,
  Er war zu eilig, mir sie zu verkünden.
  Denn der sogar, obgleich mein eigner Knecht,
  Tut gern, was mich verdrießt, wenn er nur weiß,
  Daß ich mich stellen muß, als merkt' ich's nicht!
  *(Zu Joab.)* Wie steht's in Alexandrien?
Joab.                              Ich sprach
  Antonius!
Herodes.    Ein wunderlicher Anfang!
  Du sprachst Antonius? Ich bin's gewohnt,
  Daß meine Boten vorgelassen werden;

Du bist der erste, der es nötig findet,
Mir zu versichern, daß ihm das gelang.
Joab. Es ward mir schwer gemacht! Man wies mich ab,
Hartnäckig ab!
Herodes *(für sich).*
          So steht er mit Octav
Noch besser, als ich dachte! *(Laut.)* Das beweist,
Daß du die rechte Stunde nicht gewählt!
Joab. Ich wählte jede von den vierundzwanzig,
Woraus der Tag besteht; wie man auch trieb,
Ich wich nicht von der Stelle, nicht einmal,
Als die Soldaten mir den Imbiß boten,
Und, da ich ihn verschmähte, spotteten:
Er ißt nur, was die Katze vorgekostet
Und was der Hund zerlegt hat mit dem Maul!
Am Ende glückte mir –
Herodes.         Was einem Klügern
Sogleich geglückt wär' –
Joab.             Bei ihm vorzukommen!
Doch war's schon Nacht, und anfangs mußt' ich
                                     glauben,
Er hätt' mich rufen lassen, um den Spaß
Der höhnenden Soldaten fortzusetzen;
Denn, wie ich eintrat, fand ich einen Kreis
Von Trinkern vor, die sich auf Polstern streckten,
Er aber füllte selbst mir einen Becher
Und rief mir zu: Den leere auf mein Wohl!
Und als ich des mich höflich weigerte,
Da sprach er: Wenn ich den da töten wollte,
So brauchte ich ihn nur acht Tage lang
An meinen Tisch zu ziehn und den Tribut,
Den Erd' und Meer mir zollen, draufzustellen,
Er würde müßig sitzen und verhungern
Und noch im Sterben schwören, er sei satt.
Herodes. Ja, ja, sie kennen uns! Das muß sich ändern!
Was Moses bloß gebot, um vor dem Rückfall
In seinen Kälberdienst dies Volk zu schützen,
Wenn er kein Narr war, das befolgt dies Volk,
Als hätt' es einen Zweck an sich, und gleicht
Dem Kranken, der nach der Genesung noch

Das Mittel, das ihn heilte, fort gebraucht,
Als wären Arznei und Nahrung eins!
Das soll – Fahr fort!

Joab.                     Doch überzeugte ich
Mich bald, daß ich mich irrte, denn er tat
Beim Trinken alle Staatsgeschäfte ab,
Ernannte Magistrate, ordnete
Dem Zeus das Opfer an, vernahm Auguren
Und sprach die Boten, wie sie eben kamen,
Nicht mich allein. Es sah besonders aus.
Ein Sklav' stand hinter ihm, das Ohr gespitzt,
Die Tafel und den Griffel in der Hand,
Und zeichnete mit lächerlichem Ernst
Das auf, was ihm in trunknem Mut entfiel.
Die Tafel liest er dann, wie ich vernahm,
Am nächsten Morgen durch im Katzenjammer
Und hält so treu an ihren Inhalt sich,
Daß er, dies soll er jüngst geschworen haben,
Sich selbst mit eigner Faust erdrosseln würde,
Wenn er die Welt, die ihm gehört, am Abend
Im Rausch verschenkt und sich dabei des Rechts
Auf einen Platz darin begeben hätte.
Ob er dann auch im Zickzack geht, wie nachts,
Wenn er sein Lager sucht, ich weiß es nicht,
Doch däucht mir eins dem andern völlig gleich.

Herodes. Du siegst, Octavian! Es fragt sich bloß,
Ob früher oder später. Nun?

Joab.                     Als endlich
An mich die Reihe kam, und ich den Brief
Ihm überreichte, den ich für ihn hatte,
Da warf er ihn, anstatt ihn zu eröffnen,
Verächtlich seinem Schreiber hin und ließ
Ein Bild durch seinen Mundschenk bringen; dieses
Sollt' ich betrachten und ihm sagen,
Ob ich es ähnlich fände oder nicht.

Herodes. Das war das Bild –

Joab *(hämisch)*.        Des Aristobolus,
Des Hohenpriesters, der so rasch ertrank.
Es war ihm längst durch deine Schwiegermutter,
Durch Alexandra, die mit ihm verkehrt,

Schon zugeschickt, doch er verschlang's mit Gier,
Als hätte er es niemals noch erblickt.
Ich stand verwirrt und schweigend da. Er sprach,
Als er dies sah: Die Lampen brennen wohl
Zu düster hier! und griff nach deinem Brief,
Steckt' ihn in Brand und ließ ihn vor dem Bild
Langsam verflackern, wie ein weißes Blatt.
Herodes.
Kühn! Selbst für ihn! Doch – es geschah im Rausch!
Joab. Ich rief: Was machst du da? Du hast ihn ja
Noch nicht gelesen! Er erwiderte:
Ich will Herodes sprechen! Das bedeutet's!
Er ist bei mir verklagt auf Tod und Leben!
Nun sollt' ich sagen, wie der Hohepriester
Gestorben sei. Und als ich ihm erzählte,
Beim Baden hab' der Schwindel ihn gepackt,
Da fuhr er drein: Gepackt! Ja, ja, das ist
Das rechte Wort; der Schwindel hatte Fäuste!
Und ich vernahm – verzeihst du's, wenn ich's melde?
Daß man in Rom nicht glaubt, der Jüngling sei
Ertrunken, sondern daß man dich bezichtigt,
Du habest ihn durch deine Kämmerer
Ersticken lassen in dem tiefen Fluß.
Herodes. Dank, Alexandra, Dank!
Joab.                     Jetzt winkt' er mir
Zu gehen, und ich ging. Doch rief er mich
Noch einmal um und sprach: Du bist die Antwort
Auf meine erste Frage mir noch schuldig,
Drum wiederhol ich sie. Gleicht dieses Bild
Dem Toten? Und als ich gezwungen nickte:
Gleicht Mariamne denn auch ihrem Bruder?
Gleicht sie dem Jüngling, der so schmählich starb?
Ist sie so schön, daß jedes Weib sie haßt?
Herodes. Und du?
Joab.            Erst höre, was die andern sagten,
Die sich erhoben hatten und das Bild
Mit mir umstanden. Lachend riefen sie,
Zweideut'ge Mienen mit Antonius wechselnd:
Sprich ja! wenn dich der Tote je beschenkte,
Dann siehst du ihn auf jeden Fall gerächt!

Ich aber sprach: ich wüßte nichts davon,
Denn niemals anders, als verschleiert, hätt' ich
Die Königin gesehn, und das ist wahr!
Herodes *(für sich).*
  Ha, Mariamne! Aber – dazu lach ich;
  Denn davor werd' ich mich zu schützen wissen,
  So oder so, es komme, wie es will! –
  *(Zu Joab.)* Und welchen Auftrag gab er dir für mich?
Joab. Gar keinen! Wenn ich einen Auftrag hätte,
  So hätt' ich dir dies alles nicht erzählt!
  Nun schien's mir nötig!
Herodes.                Wohl! – Du gehst sogleich
  Zurück nach Alexandrien mit mir
  Und darfst die Königsburg nicht mehr verlassen!
Joab. Ich werd auch in der Burg mit keinem reden!
Herodes.
  Ich glaub's! Wer stirbt den Tod am Kreuz auch gern,
  Besonders, wenn die Feige eben reift!
  Mein Stummer wird erwürgt und sollt' er fragen
  Warum, so sagt man: Weil du fragen kannst!
  *(Für sich.)*
  Nun weiß ich's denn, durch wen die alte Schlange
  So oft erfuhr, was ich – Ein böses Weib!
  *(Zu Joab.)* Besorge das! Ich muß den Kopf noch sehn,
  Ich will ihn meiner Schwiegermutter schicken!
  *(Für sich.)*
  Sie braucht ein Warnungszeichen, wie es scheint.
Joab. Sogleich!
Herodes.     Noch eins! Der junge Galiläer
  Tritt für ihn ein, der Sohn des Serubabel.
  Den will ich auch noch sprechen, eh' wir ziehn!
          *(Joab ab.)*


ZWEITE SZENE

Herodes *(allein).*
  Nun gilt's! Noch einmal! hätt' ich bald gesagt,
  Allein ich seh kein Ende ab. Ich gleiche
  Dem Mann der Fabel, den der Löwe vorn,

Der Tiger hinten packte, dem die Geier
Mit Schnäbeln und mit Klau'n von oben drohten,
Und der auf einem Schlangenklumpen stand.
Gleichviel! Ich wehre mich, so gut ich kann,
Und gegen jeden Feind mit seiner Waffe,
Das sei von jetzt mir Regel und Gesetz.
Wie lang es dauern wird, mich soll's nicht kümmern,
Wenn ich nur bis ans Ende mich behaupte
Und nichts verliere, was ich mein genannt,
Dies Ende komme nun, sobald es will!


DRITTE SZENE

Ein Diener *(tritt ein).*
  Die Königin!
     *(Mariamne folgt ihm auf dem Fuß.)*
Herodes *(geht ihr entgegen).*
           Du kommst mir nur zuvor!
Ich wollte –
Mariamne.    Doch nicht in Person den Dank
Für deine wunderbaren Perlen holen?
Ich wies dich zweimal ab, es noch einmal
Versuchen, ob ich meinen Sinn gewendet,
Das wär' für einen Mann zuviel gewesen
Und ganz gewiß zuviel für einen König.
O nein, ich kenne meine Pflicht, und da du
Seit meines muntren Bruders jähem Tod
Mich jeden Tag so reich beschenkst, als würbest
Du neu um mich, so komme ich auch endlich
Und zeige dir, daß ich erkenntlich bin!
Herodes. Ich sehe es!
Mariamne.      Zwar weiß ich nicht, wie du
Es mit mir meinst. Du schickst für mich den Taucher
Hinunter in das dunkle Meer, und wenn
Sich keiner findet, der um blanken Lohn
Des Leviathans Ruhe stören will,
So tust du deine Kerker auf und gibst
Dem Räuber den verwirkten Kopf zurück,
Damit er dir die Perlen fischt für mich.

Herodes.
   Und scheint dir das verkehrt? Ich ließ wohl auch
   Den Mörder schon vom Kreuz herunternehmen,
   Als es ein Kind aus einer Feuersbrunst
   Zu retten galt, und sagte ihm: Wenn du's
   Der Mutter wiederbringst, so gilt mir das,
   Als hättest du dem Tod die Schuld bezahlt.
   Er stürzte auch hinein –
Mariamne.                 Und kam er wieder
   Heraus?
Herodes.   Es war zu spät! Sonst hätt' ich ihm
   Mein Wort gehalten und ihn als Soldat
   Nach Rom geschickt, wo Tiger nötig sind.
   Man soll mit allem wuchern, denke ich,
   Warum nicht mit verfallnem Menschenleben?
   Es kommen Fälle, wo man's brauchen kann!
Mariamne *(für sich)*.
   Oh, daß er nicht die blut'gen Hände hätte!
   Ich sag ihm nichts! Denn, was er auch getan,
   Spricht er davon, so scheint es wohl getan,
   Und schrecklich wär' es doch, wenn er mich zwänge,
   Den Brudermord zu finden, wie das andre,
   Notwendig, unvermeidlich, wohl getan!
Herodes.
   Du schweigst?
Mariamne.   So soll ich reden? Wohl von Perlen!
   Wir sprachen ja bis jetzt von Perlen nur,
   Von Perlen, die so rein sind und so weiß,
   Daß sie sogar in blut'gen Händen nicht
   Den klaren Glanz verlieren! Nun, du häufst
   Sie sehr bei mir!
Herodes.         Verdrießt es dich?
Mariamne.                           Mich nicht!
   Du kannst mir dadurch nimmer eine Schuld
   Bezahlen wollen, und mir däucht, ich habe
   Als Weib und Königin ein volles Recht
   Auf Perlen und Kleinodien. Ich darf
   Vom Edelstein, wie Cleopatra, sagen:
   Er ist mein Diener, dem ich es verzeihe,
   Daß er den Stern so schlecht bei mir vertritt,

Weil er dafür die Blume übertrifft!
Doch hast du eine Schwester, Salome –
Herodes. Und diese –
Mariamne. Nun, wenn sie mich morden soll,
So fahr nur fort, das Meer für mich zu plündern,
Sonst – gib dem Taucher endlich Ruh'! Ich stehe
Schon hoch genug in ihrer Schuld! Du siehst
Mich zweifelnd an? Doch! Doch! Als ich vor'm Jahr
Im Sterben lag, da hat sie mich geküßt.
Es war das erste und das einz'ge Mal,
Ich dachte gleich: Das ist dein Lohn dafür,
Daß du von hinnen gehst! So war es auch,
Ich aber täuschte sie, denn ich genas.
Nun hab ich ihren Kuß umsonst, und das
Vergaß sie nicht. Ich fürchte sehr, sie könnte
Sich dran erinnern, wenn ich sie besuchte,
Die Wunderperlen um den Hals, durch die
Du mir zuletzt gezeigt, wie du mich liebst!
Herodes *(für sich).*
Es fehlt nur noch, daß meine linke Hand
Sich gegen meine rechte kehrt!
Mariamne. Ich würde
Zum wenigsten den Willkommstrunk verschmähn!
Und böte sie mir statt gewürzten Weins
Auch im Kristall unschuld'ges Wasser dar,
Ich ließe selbst dies Wasser unberührt!
Zwar würde das nichts heißen! Nein! Es wäre
Auch so natürlich; denn das Wasser ist
Mir jetzt nicht mehr, was es mir sonst gewesen ist:
Ein mildes Element, das Blumen tränkt
Und mich und alle Welt erquickt, es flößt
Mir Schauder ein und füllt mich mit Entsetzen,
Seit es den Bruder mir verschlungen hat,
Ich denke stets: im Tropfen wohnt das Leben,
Doch in der Welle wohnt der bittre Tod!
Dir muß es noch ganz anders sein!
Herodes. Warum?
Mariamne.
Weil du durch einen Fluß verleumdet wirst,
Der seine eigne, grausam-tück'sche Tat

Dir aufzubürden wagt! Doch fürcht ihn nicht,
Ich widersprech ihm!
Herodes. In der Tat?
Mariamne. Ich kann's!
Die Schwester lieben und den Bruder töten,
Wie wär' das zu vereinen?
Herodes. Doch vielleicht!
Wenn solch ein Bruder selbst aufs Töten sinnt,
Und man nur dadurch, daß man ihm begegnet,
Ja, ihm zuvorkommt, sich erhalten kann!
Wir sprechen hier vom Möglichen! Und weiter!
Wenn er, an sich zwar arglos, sich zur Waffe
In Feindeshänden machen läßt, zur Waffe,
Die tödlich treffen muß, wenn man sie nicht
Zerbricht, bevor sie noch geschwungen wird.
Wir sprechen hier vom Möglichen! Und endlich!
Wenn diese Waffe nicht ein Einzelhaupt,
Nein, wenn sie eines Volkes Haupt bedroht!
Und eins, das diesem Volk so nötig ist,
Wie irgendeinem Rumpf das seinige.
Wir sprechen hier vom Möglichen, doch denk ich,
In allen diesen Fällen wird die Schwester,
Als Weib aus schuld'ger Liebe zum Gemahl,
Als Tochter ihres Volks aus heil'ger Pflicht,
Als Königin aus beiden sagen müssen:
Es ist geschehn, was ich nicht schelten darf!
(Er faßt Mariamnens Hand.)
Wenn eine Ruth mich auch nicht fassen mag,
Wie hätte sie's gelernt beim Ährenlesen,
Die Makkabäerin wird mich verstehn!
Du konntest mich in Jericho nicht küssen,
Du wirst es können in Jerusalem!
(Er küßt sie.)
Und wenn der Kuß dich doch gereuen sollte,
So höre, was dich mir versöhnen wird:
Ich habe ihn zum Abschied mir genommen,
Und dieser Abschied kann für ewig sein!
Mariamne. Für ewig?
Herodes. Ja! Antonius läßt mich rufen,
Doch, ob auch wiederkehren, weiß ich nicht!

**Mariamne.**
Du weißt es nicht?
**Herodes.** Weil ich nicht weiß, wie hart
Mich meine – deine Mutter bei ihm verklagte!
*(Mariamne will reden.)*
**Herodes.**
Gleichviel! Ich werd's erfahren. Eins nur muß ich
Aus deinem Munde wissen, wissen muß ich,
Ob ich und wie ich mich verteid'gen soll.
**Mariamne.** Ob du –
**Herodes.** O Mariamne, frage nicht!
Du kennst den Zauber, der mich an dich knüpft,
Du weißt, daß jeder Tag ihn noch verstärkte,
Du mußt es ja empfinden, daß ich jetzt
Nicht für mich kämpfen kann, wenn du mir nicht
Versicherst, daß dein Herz noch für mich schlägt!
Oh, sag mir, wie, ob feurig oder kalt,
Dann werde ich dir sagen, ob Antonius
Mich Bruder nennen, oder ob er mich
Zum Hungertod im unterird'schen Kerker,
In dem Jugurtha starb, verdammen wird!
Du schweigst? Oh, schweige nicht! Ich fühl es wohl,
Daß dies Bekenntnis keinem König ziemt;
Er sollte nicht dem allgemeinen Los
Der Menschheit unterworfen, sollte nicht
Im Innern an ein Wesen außer sich,
Er sollte nur an Gott gebunden sein!
Ich bin es nicht! Als du vor einem Jahr
Im Sterben lagst, da ging ich damit um,
Mich selbst zu töten, daß ich deinen Tod
Nur nicht erlebte, und – dies weißt du nun,
Ein and'res wisse auch! Wenn ich einmal,
Ich selbst, im Sterben läge, könnt' ich tun,
Was du von Salome erwartest, könnte
Ein Gift dir mischen und im Wein dir reichen,
Damit ich dein im Tod noch sicher sei!
**Mariamne.** Wenn du das tätest, würdest du genesen!
**Herodes.** O nein! o nein! Ich teilte ja mit dir!
Du aber sprich: ein Übermaß von Liebe,
Wie dieses wäre, könntest du's verzeihn?

**Mariamne.**
  Wenn ich nach einem solchen Trunk auch nur
  Zu einem letzten Wort noch Odem hätte,
  So flucht' ich dir mit diesem letzten Wort!
  *(Für sich.)* Ja, um so eher tät' ich das, je sichrer
  Ich selbst, wenn dich der Tod von hinnen riefe,
  In meinem Schmerz zum Dolche greifen könnte:
  Das kann man tun, erleiden kann man's nicht!
**Herodes.** Im Feuer dieser Nacht hat sich ein Weib
  Mit ihrem toten Mann verbrannt; man wollte
  Sie retten, doch sie sträubte sich. Dies Weib
  Verachtest du, nicht wahr?
**Mariamne.**            Wer sagt dir das?
  Sie ließ ja nicht zum Opfertier sich machen,
  Sie hat sich selbst geopfert, das beweist,
  Daß ihr der Tote mehr war, als die Welt!
**Herodes.** Und du? Und ich?
**Mariamne.**            Wenn du dir sagen darfst,
  Daß du die Welt mir aufgewogen hast,
  Was sollte mich wohl in der Welt noch halten?
**Herodes.** Die Welt! Die Welt hat manchen König noch,
  Und keiner ist darunter, der mit dir
  Den Thron nicht teilte, der nicht deinetwegen
  Die Braut verließe und das Weib verstieße,
  Und wär's am Morgen nach der Hochzeitsnacht!
**Mariamne.** Ist Cleopatra tot, daß du so sprichst?
**Herodes.** Du bist so schön, daß jeder, der dich sieht,
  An die Unsterblichkeit fast glauben muß,
  Mit welcher sich die Pharisäer schmeicheln,
  Weil keiner faßt, daß je in ihm dein Bild
  Erlöschen kann; so schön, daß ich mich nicht
  Verwundern würde, wenn die Berge plötzlich
  Ein edleres Metall, als Gold und Silber,
  Mir lieferten, um dich damit zu schmücken,
  Das sie zurückgehalten, bis du kamst;
  So schön, daß – – Ha! Und wissen, daß du stirbst,
  Sobald ein andrer starb, aus Liebe stirbst,
  Um dem, der dir vorangeht, nachzueilen,
  Und dich in einer Sphäre, wo man ist
  Und nicht mehr ist, ich stell mir das so vor,

Als letzter Hauch zum letzten Hauch zu mischen –
Das wär' freiwill'gen Todes wert, das hieße
Jenseits des Grabes, wo das Grauen wohnt,
Noch ein Entzücken finden: Mariamne,
Darf ich dies hoffen, oder muß ich fürchten,
Daß du – Antonius hat nach dir gefragt!

Mariamne.
Man stellt auf Taten keinen Schuldschein aus,
Viel weniger auf Schmerzen und auf Opfer,
Wie die Verzweiflung zwar, ich fühl's, sie bringen,
Doch nie die Liebe sie verlangen kann!

Herodes. Leb wohl!

Mariamne.      Leb wohl! Ich weiß, du kehrst zurück!
Dich tötet *(sie zeigt gen Himmel)* der allein!

Herodes.                        So klein die Angst?

Mariamne. So groß die Zuversicht!

Herodes.                        Die Liebe zittert!
Sie zittert selbst in einer Heldenbrust!

Mariamne. Die meine zittert nicht!

Herodes.                        *Du* zitterst nicht!

Mariamne.
Nun fang ich an! Kannst du nicht mehr vertrauen,
Seit du den Bruder mir – Dann wehe mir
Und wehe dir!

Herodes.      Du hältst das Wort zurück,
Das schlichte Wort, wo ich auf einen Schwur
Von dir gehofft: worauf noch soll ich baun?

Mariamne. Und leistete ich den, was bürgte dir,
Daß ich ihn hielte? Immer nur ich selbst,
Mein Wesen, wie du's kennst. Drum denke ich,
Du fängst, da du mit Hoffnung und Vertraun
Doch enden mußt, sogleich mit beiden an!
Geh! Geh! Ich kann nicht anders! Heut noch nicht!
*(Ab.)*


VIERTE SZENE

Herodes.
Heut nicht! Doch morgen, oder übermorgen! –
Sie will mir nach dem Tode Gutes tun!

Spricht so ein Weib? Zwar weiß ich's, daß sie oft,
Wenn ich sie schön genannt, ihr Angesicht
Verzog, bis sie es nicht mehr war. Auch weiß ich's,
Daß sie nicht weinen kann, daß Krämpfe ihr,
Was andern Tränengüsse sind! Auch weiß ich's,
Daß sie mit ihrem Bruder kurz vorher,
Eh' er im Bad den Tod fand, sich entzweit
Und dann die Unversöhnliche gespielt,
Ja, obendrein, als er schon Leiche war,
Noch ein Geschenk von ihm erhalten hat,
Das er beim Gang ins Bad für sie gekauft.
Und doch! Spricht so ein Weib in dem Moment,
Wo sie den, den sie liebt, und wenigstens
Doch lieben soll – – Sie kehrt nicht wieder um,
Wie einst, als ich – – Sie ließ kein Tuch zurück,
Das ihr als Vorwand – – Nein, sie kann es tragen,
Daß ich mit diesem Eindruck – – Wohl, es sei!
Nach Alexandria – ins Grab – Gleichviel!
Doch eins zuvor! Eins! Erd' und Himmel, hört's!
Mir schwurst du nichts, dir will ich etwas schwören:
Ich stell dich unters Schwert. Antonius,
Wenn er mich deinetwegen fallen läßt,
Und deiner Mutter wegen tut er's nicht!
Soll sich betrügen, sei's auch zweifelhaft,
Ob mir das Kleid, das mich im Sterben deckt,
Mit in die Grube folgt, weil mir ein Dieb
Es ja noch stehlen kann, du sollst mir folgen!
Das steht nun fest! Wenn ich nicht wiederkehre,
So stirbst du! Den Befehl laß ich zurück!
Befehl! Da stößt ein böser Punkt mir auf:
Was sichert mich, daß man mir noch gehorcht,
Wenn man mich nicht mehr fürchtet? Oh, es wird
Sich einer finden, denk ich, der vor ihr
Zu zittern hat!

### FÜNFTE SZENE

Ein Diener. Dein Schwäher!
Herodes.                         Ist willkommen!
Das ist mein Mann! Dem reiche ich mein Schwert

Und hetz ihn dann durch Feigheit in den Mut
So tief hinein, bis er es braucht, wie ich!
Joseph *(tritt ein).*
Ich höre, daß du gleich nach Alexandrien
Zu gehen denkst, und wollte Abschied nehmen!
Herodes. Abschied! Vielleicht auf Nimmerwiedersehn!
Joseph. Auf Nimmerwiedersehn?
Herodes. Es könnte sein!
Joseph. Ich sah dich nie, wie jetzt!
Herodes. Das sei dir Bürge,
Daß es noch nie so mit mir stand, wie jetzt!
Joseph. Wenn du den Mut verlierst –
Herodes. Das werd' ich nicht,
Denn, was auch kommt, ich trag es, doch die Hoffnung
Verläßt mich, daß was Gutes kommen kann.
Joseph. So wollte ich, ich wäre blind gewesen
Und hätte Alexandras Heimlichkeiten
Nie aufgespürt!
Herodes. Das glaube ich dir gern!
Joseph. Denn hätte ich das Bildnis nicht entdeckt,
Das sie vom Aristobolus geheim
Für den Antonius malen ließ, und hätt' ich
Ihr Botensenden an Cleopatra
Nicht ausgespäht, und noch zuletzt den Sarg,
Der sie und ihren Sohn verbarg, im Hafen
Nicht angehalten und die Flucht verhindert,
Die schon begonnen war –
Herodes. Dann hätte sie
Dir nichts zu danken, und mit Ruhe könntest
Du ihre Tochter auf dem Throne sehn,
Den sie, die kühne Makkabäerin,
Gewiß besteigt, wenn ich nicht wiederkehre,
Und wenn vor ihr kein andrer ihn besetzt.
Joseph. So mein ich's nicht. Ich meine, manches wär'
Dann unterblieben!
Herodes. Manches! Allerdings!
Doch manches andre wär' dafür gekommen.
Das gilt nun gleich. – Du zähltest vieles auf,
Eins hast du noch vergessen!
Joseph. Und das wäre?

**Herodes.** Du warst doch mit im Bade, als –
**Joseph.** Ich war's!
**Herodes.** Du rangst doch auch mit ihm?
**Joseph.** Im Anfang. Ja.
**Herodes.** Nun denn!
**Joseph.** In meinen Armen hat der Schwindel
Ihn nicht erfaßt und wäre es geschehn,
So hätt' ich ihn gerettet, oder er
Mich mit hinabgezogen in den Grund.
**Herodes.**
Ich zweifle nicht daran. Doch wirst du wissen,
Daß keiner, der dabei war, anders spricht,
Und da der böse Zufall will, daß du
Ihn nicht bloß hinbegleitet, sondern auch
Mit ihm gerungen hast –
**Joseph.** Was hältst du ein?
**Herodes.** Mein Joseph, du und ich, wir alle beide
Sind hart verklagt!
**Joseph.** Ich auch?
**Herodes.** Mein Schwäher freilich
Nicht bloß, auch mein vertrauter Freund bist du!
**Joseph.** Des schmeichl' ich mir!
**Herodes.** Oh, wärst du's nie gewesen,
Hätt' ich, wie Saul, den Spieß nach dir geworfen,
Könntst du durch Todeswunden das beweisen,
Dir wäre besser, die Verleumdung hätte
Kein gläubig Ohr gefunden, und du würdest
Für eine Bluttat, die du nicht begingst,
Auch nicht enthauptet werden!
**Joseph.** Ich? Enthauptet?
**Herodes.** Das ist dein Los, wenn ich nicht wiederkehre
Und Mariamne –
**Joseph.** Aber ich bin schuldlos!
**Herodes.** Was hilft es dir? Der Schein ist gegen dich!
Und sind denn nicht, gesetzt, daß man dir glaube,
Die vielen, vielen Dienste, die du mir
Erwiesen hast, in Alexandras Augen
So viel Verbrechen gegen sie? Wird sie
Nicht denken: Hätte der mich fliehen lassen,
So lebte noch, der jetzt im Grabe liegt?

Joseph.
 Wahr! Wahr!
Herodes. Kann sie denn nicht mit einer Art
 Von Recht dein Leben für ein andres fodern,
 Das sie durch deine Schuld verloren glaubt,
 Und wird sie's nicht durch ihre Tochter tun?
Joseph. O Salome! Das kommt von jenem Gang
 Zum Maler! Jahr für Jahr will sie von mir
 Ein neues Bild!
Herodes. Ich weiß, wie sie dich liebt!
Joseph. Ach, wär' es weniger, so stünd' es besser!
 Hätt' ich das Bild des Aristobolus
 Entdeckt, wenn ich – Nun kann sie denn ja bald
 Mein letztes haben, ohne Kopf!
Herodes. Mein Joseph,
 Den Kopf verteidigt man!
Joseph. Wenn du den deinen
 Verloren gibst?
Herodes. Das tu ich doch nur halb,
 Ich werd' ihn dadurch noch zu retten suchen,
 Daß ich ihn selbst, freiwillig, in den Rachen
 Des Löwen stecke!
Joseph. Einmal glückt' es dir!
 Als dich die Pharisäer –
Herodes. Jetzt steht's schlimmer,
 Doch, was mir auch werde, dein Geschick
 Will ich in deine eignen Hände legen:
 Du warst schon stets ein Mann, sei jetzt ein König!
 Ich hänge dir den Purpurmantel um
 Und reiche dir den Zepter und das Schwert,
 Halt's fest und gib es nur an mich zurück!
Joseph. Versteh ich dich?
Herodes. Und daß du den Besitz
 Des Throns dir und mit ihm dein Leben sicherst,
 So töte Mariamne, wenn du hörst,
 Daß ich nicht wiederkehre.
Joseph. Mariamne?
Herodes. Sie ist das letzte Band, das Alexandra
 Noch mit dem Volk verknüpft, seit ihr der Fluß
 Den Sohn erstickte, ist der bunte Helmbusch,

Den die Empörung tragen wird, wenn sie
Sich gegen dich erhebt –
Joseph.                    Doch Mariamne!
Herodes.
Du staunst, daß ich – Ich will nicht heucheln, Joseph!
Mein Rat ist gut, ist gut für dich, bedarf's
Der Worte noch? Doch geb ich dir ihn freilich
Nicht deinetwegen bloß – Grad aus, ich kann's
Nicht tragen, daß sie einem andern jemals –
Das wär' mir bittrer, als – Sie ist zwar stolz –
Doch nach dem Tod – Und ein Antonius –
Und dann vor allem diese Schwiegermutter,
Die Toten gegen Toten hetzen wird – –
Du mußt mich fassen!
Joseph.                    Aber –
Herodes.                            Hör mich aus!
Sie ließ mich hoffen, daß sie selbst den Tod
Sich geben würde, wenn ich – Eine Schuld
Darf man doch einziehn lassen, wie? – Man darf
Selbst mit Gewalt – Was meinst du?
Joseph.                                        Nun, ich glaube!
Herodes. Versprich mir denn, daß du sie töten willst,
Wenn sie sich selbst nicht tötet! Übereil's nicht,
Doch säum auch nicht zu lange! Geh zu ihr,
Sobald mein Bote, denn ich schicke einen,
Dir meldet, daß es mit mir aus ist, sag's ihr
Und sieh, ob sie zu einem Dolche greift,
Ob sie was andres tut. Versprichst du's?
Joseph.                                        Ja!
Herodes. Ich lasse dich nicht schwören, denn man ließ
Noch keinen schwören, daß er eine Schlange
Zertreten wolle, die den Tod ihm droht.
Er tut's von selbst, wenn er bei Sinnen bleibt,
Da er das Essen und das Trinken eher
Gefahrlos unterlassen kann, als dies.
        *(Joseph macht eine Bewegung.)*
Ich kenn dich ja! Und dem Antonius
Werd' ich dich als den einzigen empfehlen,
Dem er vertrauen darf. Du wirst ihm das
Dadurch beweisen, daß die Blutsverwandte

Dir nicht zu heilig ist, um sie zu opfern,
Wenn es Empörung zu ersticken gilt.
Denn dies ist der Gesichtspunkt für die Tat,
Aus dem du ihm sie zeigen mußt. Ihr wird
Ein Straßenauflauf folgen, und du meldest
Ihm, daß ein Aufruhr ihr vorhergegangen,
Und nur durch sie bezwungen worden sei.
Was dann das Volk betrifft, so wird es schaudern,
Wenn es dein blut'ges Schwert erblickt, und mancher
Wird sprechen: Diesen kannt' ich doch nur halb!
Und jetzt –
Joseph.     Ich seh dich noch! Und nicht bloß heut,
Ich weiß gewiß, du kehrst, wie sonst, zurück.
Herodes. Unmöglich ist es nicht, darum noch eins! – –
*(Lange Pause.)*
Ich schwur jetzt etwas in bezug auf dich!
*(Er schreibt und siegelt.)*
Hier steht's! Nimm dieses Blatt versiegelt hin!
Du siehst, die Aufschrift lautet –
Joseph.                          An den Henker!
Herodes. Ich halte dir, was ich dir drin versprach,
Wenn du vielleicht ein Stück von einem König
Erzählen solltest, der –
Joseph.              Dann gib mir auf,
Dies Blatt dem Henker selbst zu überreichen! *(Ab.)*


SECHSTE SZENE

Herodes *(allein)*.
Nun lebt sie unterm Schwert! Das wird mich spornen,
Zu tun, was ich noch nie getan; zu dulden,
Was ich noch nie geduldet, und mich trösten,
Wenn es umsonst geschieht! Nun fort! – *(Ab.)*

## ZWEITER AKT

Burg Zion. Alexandras Gemächer.

### ERSTE SZENE

*Alexandra und Sameas.*

Alexandra. Dies weißt du nun!
Sameas.               Es überrascht mich nicht!
  Nein, vom Herodes überrascht mich nichts!
  Denn, wer als Jüngling dem Synedrium
  Schon Krieg erklärt, wer mit der blanken Waffe
  Vor seinen Richter hintritt und ihn mahnt,
  Daß er der Henker ist, und daß der Henker
  Kein Todesurteil an sich selbst vollzieht,
  Der mag als Mann – – Ha, ich erblick ihn noch,
  Wie er, dem Hohenpriester gegenüber,
  Sich an die Säule lehnte und, umringt
  Von seinen Söldnern, die im Räuberfangen
  Sich selbst in Räuber umgewandelt hatten,
  Uns alle überzählte, Kopf für Kopf,
  Als stünde er vor einem Distelbeet
  Und sänne nach, wie es zu säubern sei.
Alexandra. Ja, ja, es war ein Augenblick für ihn,
  An den er sich mit Stolz erinnern mag!
  Ein junger Tollkopf, der die Zwanzig kaum
  Erreicht, wird vors Synedrium gestellt,
  Weil er in frevelhaftem Übermut
  Sich einen Angriff aufs Gesetz erlaubt,
  Weil er ein Todesurteil, das von euch
  Noch nicht gesprochen ward, vollzogen hat.
  Des Toten Witwe tritt ihm an der Schwelle
  Mit ihrem Fluch entgegen, drinnen sitzt,
  Was alt und grau ist in Jerusalem.
  Doch weil er nicht im Sack kommt und mit Asche
  Sein Haupt bestreut, so wird's euch schwach zumut;
  Ihr denkt nicht mehr daran, ihn zu bestrafen,
  Ihr denkt nicht einmal dran, ihn zu bedräuen,
  Ihr sagt ihm nichts, er lacht euch aus und geht!

Sameas. Ich sprach!
Alexandra.         Als es zu spät war!
Sameas.                          Hätt' ich's eher
  Getan, so wäre es zu früh gewesen,
  Ich schwieg aus Ehrfurcht vor dem Hohenpriester,
  Dem stand das erste Wort zu, mir das letzte,
  Er war der Älteste, der Jüngste ich!
Alexandra. Gleichviel! Wenn ihr in jenem Augenblick
  Den schlichten Mut der Pflicht bewiesen hättet,
  So würde jetzt kein größrer nötig sein!
  Doch nun seht zu, ob ihr – – Ei was, euch bleibt
  Auch wohl ein andrer Ausweg noch! Wenn ihr
  Mit ihm nicht kämpfen wollt, und in der Tat,
  Es wär' gewagt, ich rat euch ab, so braucht
  Ihr mit dem Löwen oder mit dem Tiger
  Den Kampf nur einzugehn, den er befiehlt!
Sameas. Was redest du?
Alexandra.           Du kennst die Fechterspiele
  Der Römer doch?
Sameas.         Gott Lob, ich kenn sie nicht!
  Ich halt es für Gewinn, nichts von den Heiden
  Zu wissen, als was Moses uns erzählt;
  Ich mache jedesmal die Augen zu,
  Wenn mir ein römischer Soldat begegnet,
  Und segne meinen Vater noch im Grabe,
  Daß er mich ihre Sprache nicht gelehrt.
Alexandra. So weißt du nicht, daß sie die wilden Tiere
  Aus Afrika zu Hunderten nach Rom
  Hinüberschaffen?
Sameas.         Nein, ich weiß es nicht!
Alexandra. Daß sie sie dort in steinerner Arena
  Zusammentreiben, daß sie ihnen Sklaven
  Entgegenhetzen, die auf Tod und Leben
  Mit ihnen kämpfen müssen, während sie
  Im Kreis herum auf hohen Bänken sitzen
  Und jubeln, wenn die Todeswunden klaffen,
  Und wenn das rote Blut den Sand bespritzt?
Sameas. Das hat der wildeste von meinen Träumen
  Mir nicht gezeigt, doch freut's mich in der Seele,
  Wenn sie es tun, es schickt sich wohl für sie!

*(Mit erhobenen Händen.)*
Herr, du bist groß! Wenn du dem Heiden auch
Das Leben gönnst, so muß er dir dafür
Doch einen gräßlichen Tribut bezahlen,
Du strafst ihn durch die Art, wie er es braucht!
Die Spiele möcht' ich sehn!

Alexandra.  Der Wunsch wird dir
Erfüllt, sobald Herodes wiederkehrt,
Er denkt sie einzuführen!

Sameas.  Nimmermehr!

Alexandra.
Ich sagt' es dir! Warum auch nicht? Wir haben
Der Löwen ja genug! Der Berghirt wird
Sich freuen, wenn sich ihre Zahl vermindert,
Er spart dann manches Rind und manches Kalb.

Sameas. Vom übrigen noch abgesehn, wo fände
Er Kämpfer? Sklaven gibt es nicht bei uns,
Die ihm auf Tod und Leben pflichtig sind.

Alexandra. Den ersten – seh ich vor mir!

Sameas.  Wie?

Alexandra.  Gewiß!
Du wirst, wie jetzt, dein Angesicht verziehn,
Du wirst vielleicht sogar die Fäuste ballen,
Die Augen rollen und die Zähne fletschen,
Wenn du den großen Tag erlebst, an dem
Er feierlich, wie Salomo den Tempel,
Die heidnische Arena weihen wird.
Das wird ihm nicht entgehn, und des zum Lohn
Wird er den Wink dir geben, einzutreten
Und allem Volk zu zeigen, was du kannst,
Wenn du dem Löwen gegenüberstehst,
Der tagelang vorher gehungert hat.
Denn, da es uns an Sklaven fehlt, so sollen
Die todeswürdigen Verbrecher sie
Ersetzen, und wer wär' noch todeswürdig,
Wenn der nicht, der dem König offen trotzt!

Sameas. Er könnte –

Alexandra.  Zweifle nicht! Es wäre schlimm,
Wenn ihm zu früh der Kopf genommen würde,
Es würden Pläne mit ihm untergehn,

Die selbst Pompejus, der doch heidenkeck
Ins Allerheiligste zu treten wagte,
Vielleicht –
Sameas *(ausbrechend).*
Antonius, wenn du ihn packst,
So will ich dich ein Jahr lang nicht verfluchen!
Und tust du's nicht, so – – Nun, wir sind bereit!
Alexandra.
Er meint, wenn unser Volk sich mit den andern
Nicht mischen sollte, würden wir den Erdball
Von Gott für uns allein erhalten haben!
Sameas. Meint er?
Alexandra. Da dem nun aber nicht so sei,
So tu es not, die Dämme zu durchstechen,
Die uns, wie einen stehnden See vom Meer,
Von allen übrigen noch immer trennten,
Und das geschehe dadurch, daß wir uns
In Brauch und Sitte ihnen anbequemten.
Sameas. In Brauch und –
*(Gen Himmel.)* Herr! wenn ich nicht rasen soll,
So zeig mir an, wie dieser sterben wird!
Zeig mir den Tod, der jedem andern Tod
Die Schrecken abborgt und verkünde mir,
Daß es Herodes ist, für den er's tut!
Alexandra. Mach du den Todesengel!
Sameas. Wenn an ihm nicht,
So an mir selbst! Ich schwör's! Wenn ich den Greuel
Nicht hindern kann, so will ich meine Ohnmacht
Durch Selbstmord strafen,
*(Mit einer Bewegung gegen die Brust)*
eh' der Tag noch kommt,
Den er zum ersten Mal beflecken soll!
Das ist ein Schwur, der eine Missetat
Mir abdringt, wenn ich einer Heldentat
Nicht fähig bin: wer schwur noch Größeres?
Alexandra.
Wohl! Nur vergiß nicht: wenn der eigne Arm
Nicht stark genug ist, um den Feind zu stürzen,
So muß man einen fremden nicht verschmähn!
Sameas. Und diesen fremden?

**Alexandra.** Waffnest du dir leicht!
**Sameas.** Sprich deutlicher!
**Alexandra.** Wer setzte den Herodes
Zum König ein?
**Sameas.** Antonius! Wer sonst?
**Alexandra.** Weswegen tat er's?
**Sameas.** Weil er ihm gefiel!
Vielleicht auch bloß, weil er uns nicht gefiel!
Wann hat ein Heide einen bessern Grund?
**Alexandra.** Und weiter! Was erhält ihn auf dem Thron?
**Sameas.** Des Volkes Segen nicht! Vielleicht sein Fluch!
Wer kann es sagen?
**Alexandra.** Ich! Nichts, als der Pfiff,
Den Zins, den wir dem Römer zahlen müssen,
Alljährlich vorm Verfalltag einzuschicken
Und ihn sogar freiwillig zu verdoppeln,
Wenn sich ein neuer Krieg entzündet hat.
Der Römer will nur unser Gold, nicht mehr,
Er läßt uns unsern Glauben, unsern Gott,
Er würde ihn sogar mit uns verehren,
Und neben Jupiter und Ops und Isis
Ihm auf dem Capitol den Winkel gönnen,
Der unbesetzt geblieben ist bis heut,
Wär' er nur auch, wie die, von Stein gemacht.
**Sameas.** Wenn dem so ist, und leider ist es so,
Was hast du von Antonius zu hoffen?
In diesem Punkt, du selber sprachst es aus,
Versäumt Herodes nichts. Noch jetzt – ich habe
Ihn ziehen sehn! Dem einen Maultier brach
Der Rückgrat, eh' es noch das Tor erreichte!
Für jeden Tropfen Bluts in seinen Adern
Bringt er ihm eine Unze Goldes dar:
Glaubst du, er weist es deinethalb zurück?
**Alexandra.** Gewiß nicht, führt' ich meine Sache selbst!
Allein das tut Cleopatra für mich,
Und hoffentlich tut's Mariamne auch.
Du staunst? Versteh mich recht! Nicht in Person,
Da kehrt sie sich wohl eher gegen mich,
Nur durch ihr Bild, und nicht einmal durch das,
Nein, durch ein andres, das ihr freilich gleicht.

Denn wie ein wilder Wald nicht bloß den Löwen
Beherbergt, auch den Tiger, seinen Feind,
So nistet auch in dieses Römers Herzen
Ein ganzes Wurmgeschlecht von Leidenschaften,
Die um die Herrschaft miteinander ringen,
Und wenn Herodes auf die erste baut,
Ich baue auf die zweite, und ich glaube,
Daß die der andern überlegen ist.

Sameas. Du bist –

Alexandra. Kein Hirkan, wenn auch seine Tochter!
Doch, daß du nicht mißdeutest, was ich tat:
Ich bin auch Mariamne nicht! Und wenn
Antonius den Gemahl, der sie besitzt,
Vertilgt, um sich den Weg zu ihr zu bahnen:
Sie bleibt die Herrin ihrer selbst und kann
Sich hüllen in ein ew'ges Witwenkleid.
Des aber halt ich mich gewiß, schon hat er
Die Hand ans Schwert gelegt, und wenn er's noch
Nicht zog, so hielt ihn nur die Rücksicht ab,
Daß dieser glückliche Soldat Herodes
Den Römern für den Ring von Eisen gilt,
Der alles hier bei uns zusammenhält.
Schaff du ihm den Beweis des Gegenteils,
Erreg Empörung, stör den schlaffen Frieden,
So wird er's ziehn!

Sameas. Den schaffe ich ihm leicht!
Schon schlug das Volk ihn in Gedanken tot,
Es wird erzählt –

Alexandra. Drück du dein Siegel drauf,
Und dann eröffne rasch sein Testament!
Den Inhalt kennst du jetzt, die Fechterspiele
Stehn obenan, und wenn ein jeder sich
Durch seinen Tod um hundert Rutenstreiche
Verkürzt glaubt, oder um das Marterkreuz,
So glaubt ein jeder, was er glauben darf.
Denn Dinge stehen Israel bevor,
Die manchem Herzen den Verzweiflungswunsch
Abdringen werden, daß das Rote Meer
Das ganze Volk, die heiligen zwölf Stämme,
Verschlungen hätt', und Moses selbst zuerst.

**Sameas.** Ich geh! Und eh' der Mittag kommt –
**Alexandra.**                                                Ich weiß,
   Was du vermagst, wenn du den Sack ergreifst
   Und Wehe! rufend, durch die Gassen ziehst,
   Als wär' dein Vorfahr Jonas wieder da.
   Es wird sich zeigen, daß es nützlich ist,
   Zuweilen bei dem Fischer vorzusprechen,
   Und mit dem Herrn Gevatter zu verzehren,
   Was er sich selbst gönnt, weil es niemand käuft.
**Sameas.** Es wird sich zeigen, daß wir Pharisäer
   Die Schmach, die wir erlitten, nicht vergaßen,
   Wie du zu meinen scheinst. Vernimm denn jetzt,
   Was du erst durch die Tat erfahren solltest:
   Wir sind schon längst verschworen gegen ihn,
   Wir haben ganz Judäa unterwühlt,
   Und in Jerusalem, – damit du siehst,
   Wie fest wir auf das Volk zu zählen haben, –
   Ist selbst ein Blinder mit in unserm Bund!
**Alexandra.** Was nützt euch der?
**Sameas.**                           Nichts! Und er weiß es selbst!
   Doch ist er so von Haß und Grimm erfüllt,
   Daß er das Unternehmen mit uns teilen
   Und lieber sterben, als in dieser Welt,
   Wenn es mißlingt, noch länger leben will.
   Ich denke doch, daß dies ein Zeichen ist! *(Ab.)*


ZWEITE SZENE

**Alexandra** *(allein).*
   Schon schlug das Volk ihn in Gedanken tot!
   Ich weiß! Ich weiß! Und daran kann ich sehn,
   Wie sehr man's wünscht, daß er nicht wiederkehrt.
   Es traf sich gut, daß ihn der Heuschreckschwarm
   Bedeckte, als er fortzog, denn das gilt
   Als Omen, daß man's nicht vergebens wünscht.
   Auch ist es möglich, daß er wirklich jetzt
   Schon ohne Kopf – – Das nicht! Sprich, wie du denkst,
   Der Pharisäer lauscht nicht vor der Tür!
   Antonius ist zwar Antonius,

Doch auch ein Römer, und ein Römer fällt
Das Urteil langsam, wie er's schnell vollzieht.
Gefangner mag er sein, wenn er auch nicht
Im Kerker sitzt! Und wenn man das benutzt,
Kann's weiter führen. Darum ist es gut,
Wenn jetzt ein Aufstand kommt, obgleich ich weiß,
Was es an sich bedeutet, und nicht minder,
Was es für Folgen haben wird, wenn er
Doch noch zurückkehrt. Wenn! Es kann geschehn,
Bedenk es wohl! Er schickte, als er ging,
Dir einen abgeschlagnen Kopf zum Abschied,
Das zeigt dir – pfui, ich sprech ja, wie mein Vater!
Es zeigt mir, daß er rasch ist, wie Tyrannen
Es sind, und auch, daß er mich schrecken möchte.
Das eine wußt' ich längst, das andre soll
Ihm nicht gelingen! Wenn das Schlimmste käme,
Wenn alles mir mißglückte, und wenn er,
Trotz seiner Leidenschaft für Mariamne,
Die eher steigt, als fällt, und die mich schützt,
Sobald sie selbst nur will, das Ärgste wagte –
Was wär's? Um Rache setzt' ich alles ein,
Und Rache würde mir im Tode noch,
Rache an ihm, der's täte, und an ihr,
Die es geschehen ließe, nimmer sähe
Das Volk, und nimmer Rom, geduldig zu.
Und was mich selbst betrifft, so würde ich
In diesem blut'gen Fall nur um so besser
Zu meinen Ahnen passen! Mußten doch
Die meisten meines Stamms, die Ältermütter,
Wie Älterväter, ohne Kopf die Welt
Verlassen, weil sie ihn nicht beugen wollten,
Ich teilte dann ihr Los, was wär' es mehr?

DRITTE SZENE

*Mariamne tritt ein.*

Alexandra *(für sich).*
Sie kommt! Ja, wär' sie von ihm abzuziehn
Und zu bewegen, mir nach Rom zu folgen,

Dann – Doch, sie haßt und liebt ihn jetzt zugleich!
Wag ich noch einen letzten Sturm? Es sei!
*(Sie eilt auf Mariamne zu.)*
Du suchst den Trost, wo er zu finden ist!
Komm an mein Herz!
Mariamne.          Den Trost?
Alexandra.                  Brauchst du ihn nicht?
  Dann hab ich dich verkannt! Doch hatt' ich Grund,
  Dich für ein Weib, wie du keins bist, zu halten,
  Du warst bei mir verleumdet!
Mariamne.          Ich? Bei dir?
Alexandra.
  Man sprach mir von Umarmungen und Küssen,
  Die du dem brudermördrischen Gemahl
  Gleich nach dem Mord – Verzeih, ich hätte es
  Nicht glauben sollen.
Mariamne.       Nicht?
Alexandra.             Nein! Nimmermehr!
  Aus mehr als einem Grund nicht! Hättest du
  Dem blut'gen Schatten deines Bruders auch
  Das schwesterliche Opfer einer Rache
  Herzlos entziehen können, die du nicht
  Durch Judiths Schwert und nicht durch Rahabs Nagel,
  Nein, einzig durch ein Wenden deines Mundes
  Und durch ein stilles Kreuzen deiner Arme
  Dir nehmen und dem Toten weihen solltest:
  Er selbst, der Mörder, hätte nicht gewagt,
  Sich dir zu nähern, denn du gleichst dem Toten,
  Du wärst ihm vorgekommen, wie der Leichnam
  Des Aristobolus, den man geschminkt,
  Er hätt' sich schaudernd von dir abgewandt.
Mariamne. Er tat das eine nicht, noch ich das andre!
Alexandra.
  So sei – Doch nein! Vielleicht blieb dir ein Zweifel
  An seiner Schuld noch. Willst du den Beweis?
Mariamne. Ich brauch ihn nicht!
Alexandra.             Du brauchst –
Mariamne.                         Er gilt mir nichts!
Alexandra.
  Dann – Doch ich halt den Fluch auch jetzt zurück,

Es hat dich ja ein andrer schon getroffen!
Du gehst noch in den Ketten einer Liebe,
Die niemals ruhmvoll war –
Mariamne.               Ich dächte doch,
Ich hätt' mir den Gemahl nicht selbst gewählt,
Ich hätte mich nur in das Los gefügt,
Das du und Hirkan über mich, die Tochter
Und Enkelin, mit Vorbedacht verhängt.
Alexandra.
Ich nicht, mein feiger Vater schloß den Bund.
Mariamne. So tat er, was dir nicht gefiel?
Alexandra.                     Das nicht!
Sonst wäre ich zuvor mit dir entflohn,
Mir stand die Freistatt in Ägypten offen,
Ich sag nur, der Entschluß ging aus von ihm,
Dem ersten Hohenpriester ohne Mut,
Und ich bekämpfte bloß den Widerwillen,
Mit dem ich anfangs ihn vernahm. Allein
Ich tat es, denn ich fand des Feiglings Handel
In kurzem gut, und gab für Edoms Schwert
Die Perle Zions, als er drängte, hin!
Ja, wär' die Schlange, die Cleopatra
Um jene Zeit gestochen, eine gift'ge
Gewesen, oder wär' Antonius
Auch nur auf seinem Zug hieher gekommen,
Ich hätte nein gesagt! Nun sagt' ich ja!
Mariamne. Und dennoch –
Alexandra.            Ich erwartete von dir,
Daß du den Kaufpreis nicht vertändeln würdest,
Und daß du den Herodes –
Mariamne.               Oh, ich weiß!
Ich hätte mir von ihm für jeden Kuß
Im voraus einen Kopf, der dir mißfiel,
Bedingen und zuletzt, wenn keiner dir
Mehr trotzte, als sein eigner, ihn zum Selbstmord
Bewegen, oder auch, wenn das nicht ging,
An ihm in stiller Nacht die Katzentat
Der Judith listig wiederholen sollen,
Dann hättst du mich mit Stolz dein Kind genannt!
Alexandra. Mit größerem, als jetzt, ich leugn' es nicht.

Mariamne.
 Ich zog es vor, dem Mann ein Weib zu sein,
 Dem du mich zugeführt, und über ihn
 Die Makkabäerin so zu vergessen,
 Wie er den König über mich vergaß.
Alexandra. Du schienst dich doch in Jericho auf sie
 Noch einmal zu besinnen, wenigstens
 Warst du die erste, die mit einer Klage
 Hervortrat, als ich selbst sie noch zurückhielt,
 Um dich zu prüfen. War's nicht so?
Mariamne. In Jericho
 Verwirrte mich das gräßliche Ereignis,
 Es kam zu schnell, vom Tisch ins Bad, vom Bad
 Ins Grab, ein Bruder, ja, mir schwindelte!
 Doch, wenn ich meinem König und Gemahl
 Argwöhnisch und verstockt die Tür verschloß,
 Bereu ich's jetzt, und kann's mir nur verzeihn,
 Weil es geschehn ist, wie in Fiebers Glut!
Alexandra. In Fiebers Glut!
Mariamne *(halb für sich)*. Auch hätt' ich's nicht getan,
 Wär' er in Trauerkleidern nicht gekommen!
 Rot, dunkelrot hätt' ich ihn sehen können,
 Doch –
Alexandra.
  Ja, die fand er rasch! Er hatte sie
 Voraus bestellt, wie andre Mörder sich,
 Wo möglich, Wasser schöpfen, eh' sie morden –
Mariamne. Mutter, vergiß nicht!
Alexandra. Was? Daß du das Weib
 Des Mörders bist? Das bist du erst geworden,
 Und bist es nur so lange, als du willst,
 Ja, bist's vielleicht, wer weiß! schon jetzt nicht mehr;
 Des Toten Schwester aber warst du stets
 Und wirst es bleiben, wirst es dann sogar
 Noch sein, wenn du – du scheinst dazu geneigt –
 Ins Grab ihm nachrufst: Dir ist recht geschehn!
Mariamne.
 Ich bin dir Ehrfurcht schuldig, und ich möchte
 Sie nicht verletzen, darum halte ein!
 Ich könnte sonst –

**Alexandra.** Was könntest du?
**Mariamne.** Mich fragen,
 Wer schuld ist an der Tat, ob der, der sie
 Vollbrachte, weil er mußte, oder die,
 Die sie ihm abdrang! Laß den Toten ruhn!
**Alexandra.** So sprich zu einer, die ihn nicht gebar!
 Ich trug ihn unterm Herzen, und ich muß
 Ihn rächen, da ich ihn nicht wecken kann,
 Daß er sich selber räche!
**Mariamne.** Räch ihn denn,
 Doch räch ihn an dir selbst! Du weißt recht gut,
 Daß es der Hohepriester war, der rings
 Vom Volk Umjauchzte, selbst schon Schwindelnde,
 Und nicht der Jüngling Aristobolus,
 Der gegen sich hervorrief, was geschah.
 Wer trieb den Jüngling nun, das sag mir an,
 Aus seiner Selbstzufriedenheit heraus?
 Es fehlt' ihm ja an bunten Röcken nicht,
 Die Blicke schöner Mädchen anzuziehn,
 Und mehr bedurft' er nicht zur Seligkeit.
 Was sollt' ihm Aarons Priestermantel noch,
 Den du zum Überfluß ihm überhingst?
 Ihm kam von selbst ja kein Gedanke drin,
 Als der: wie steht er mir? Doch andre hielten
 Ihn seit dem Augenblick, daß er ihn trug,
 Fürs zweite Haupt von Israel, und dir
 Gelang es bald, ihn selbst so zu betören,
 Daß er sich für das erste, einz'ge hielt!
**Alexandra.** Du lästerst ihn und mich!
**Mariamne.** Ich tu es nicht!
 Wenn dieser Jüngling, der geboren schien,
 Der Welt den ersten Glücklichen zu zeigen,
 Wenn er so rasch ein dunkles Ende fand,
 Und wenn der Mann, der jeden andern Mann,
 Wie er sein Schwert nur zieht, zum Weibe macht,
 Wenn er – ich weiß nicht, ob er's tat, doch fürcht' ich's;
 Dann tragen Ehrsucht, Herrschgier, zwar die Schuld,
 Doch nicht die Ehrsucht, die der Tote hegte,
 Und nicht die Herrschgier, die den König plagt!
 Ich will dich nicht verklagen, mir geziemt's nicht,

>  Ich will dafür, daß du uns ein Gespenst,
> Ein blut'ges, in die Ehekammer schicktest,
> Von dir nicht eine Reueträne sehn,
> Obgleich wir nie jetzt mehr zu zweien sind,
> Und mir der Dritte so den Sinn verstört,
> Daß ich verstumme, wenn ich reden sollte,
> Und daß ich rede, wenn zu schweigen wär';
> Ich will nicht einmal deinen Rachedurst
> Ersticken, will nicht fragen, was du rächst,
> Ob deine Pläne oder deinen Sohn:
> Tu, was du willst, geh weiter, halte ein,
> Nur sei gewiß, daß du, wenn du Herodes
> Zu treffen weißt, auch Mariamne triffst;
> Den Schwur, den ich zurückhielt, als er scheidend
> Ihn foderte, den leist ich jetzt: Ich sterbe,
> Wenn er stirbt. Handle denn und sprich nicht mehr!

Alexandra.  So stirb! Und gleich! Denn –
Mariamne.                                         Ich verstehe dich
>  Und deshalb glaubtest du, ich brauchte Trost?
> O nein! Du irrst! Es schreckt mich nicht,
> Wenn das Gesindel, das die Auserwählten
> Nur, weil sie menschlich-sterblich sind, erträgt,
> Ihn mit dem Mund schon totgeschlagen hat.
> Was bleibt dem Sklaven übrig, wenn der König
> In Pracht und Herrlichkeit vorüberbraust,
> Als sich zu sagen: Er muß dran, wie ich!
> Ich gönn ihm das! Und wenn er an den Thron
> Ganz dicht ein Schlachtfeld rückt mit tausend Gräbern,
> So lob ich's, es erstickt in ihm den Neid!
> Doch, daß Herodes lebt und leben wird,
> Sagt mir mein Herz. Der Tod wirft einen Schatten,
> Und der fällt hier hinein!

### VIERTE SZENE

Ein Diener.                    Der Vizekönig!
Alexandra.  Gewiß bewaffnet, wie er immer ist,
> Wenn er zu uns kommt, seit es ihm mißlang,
> Durch Schmeichelei den Sinn uns zu betören,

## 2. Akt, 4. Szene

Wie er's im Anfang zu versuchen schien.
Weißt du, daß Salome in jener Zeit
Vor Eifersucht verging?
Mariamne. Sie tut's noch jetzt!
Denn lächelnd und vertraulich sag ich ihm,
Wenn sie dabei ist, stets die schlimmsten Dinge,
Und da sie selbst nicht müde wird, zu spähn,
So werde ich nicht müde, sie zu strafen
Für ihre Torheit!

*(Joseph tritt ein.)*

Alexandra *(auf Josephs Waffen deutend).*
Siehst du?
Mariamne. Mag er doch!
Sein Weib verlangt's, damit sie träumen kann,
Sie habe einen kriegrischen Gemahl.
Alexandra *(zu Joseph).*
Ich bin noch da!
Joseph. Ein seltsamer Empfang.
Alexandra.
Mein Sohn ist auch noch da! Er hat, wie einst,
In eine Totenkiste sich versteckt.
Jag ihn heraus, ich will's dafür verzeihn,
Daß du das einmal ungeheißen tatst.
Du mußt die Kiste aber diesmal nicht
Auf einem Schiff, das nach Ägypten segelt,
Du mußt sie suchen in des Kirchhofs Bauch.
Joseph. Ich bin nicht der, der Tote wecken kann!
Alexandra *(mit Hohn gegen Mariamne).*
Wohl wahr! Sonst wärst du sicher mitgezogen,
Um deinen Herrn, wenn ihn sein Knien und Flehn
Vor dem Liktorenbeil nicht schützen sollte –
Mariamne. Er kniet und fleht!
Joseph *(zu Mariamne).* Ich kann dir zeigen wie!
„Man hat mich des geziehn!" Ich räum es ein.
„Des aber nicht!" Ich füg es gleich hinzu,
Damit du alles weißt! – So wird er's machen.
Alexandra. Prahlst du für ihn?
Joseph. So hat er's schon gemacht!
Ich stand dabei, da ihn die Pharisäer
Verklagen wollten beim Antonius.

Er hatte es statt ihrer selbst getan,
Vorausgeeilt ins Lager, wie er war,
Und sagte, als sie kamen, Punkt für Punkt
Die Rechnung wiederholend und ergänzend:
Sprecht, ob ich etwas ausließ oder nicht!
Den Ausfall kennst du, mancher von den Klägern
Verlor den starren Kopf, als sie nicht wichen,
Er trug des Römers volle Gunst davon.

Alexandra. Da waren beide jünger, wie sie jetzt sind.
Des einen Übermut gefiel dem andern,
Und um so mehr, weil er auf fremde Kosten
Geübt ward, nicht auf eigne. Kann dem Römer
Der Pharisäer denn was sein, des Zunge
Beständig Aufruhr predigt gegen Rom?
Wer dem den Bart rauft, kürzt sein Ansehn! dachte
Antonius und lachte, doch ich zweifle,
Ob er das auch geschehn läßt an sich selbst!

Joseph. Du sprichst, als wünschtest du –
Alexandra.                     Ob unsre Wünsche
Zusammengehn, ob nicht, was kümmert's dich?
Halt du den deinen fest! Für dich ist's wichtig,
Daß er zurückkehrt!

Joseph.               Meinst du? Wenn für mich,
So auch für dich!

Alexandra.          Ich wüßte nicht, warum?
Es gab schon einmal eine Alexandra,
Die eine Krone trug in Israel,
Die zugriff, als sie frei geworden war,
Und sie nicht liegen ließ für einen Dieb.
Es soll, bei Gott! nicht an der zweiten fehlen,
Wenn's wirklich *(zu Mariamne)* Makkabäerinnen gibt,
Die kind'sche Schwüre halten!

Joseph *(aushorchend).*      Es ist wahr!
Solch eine Alexandra gab's einmal,
Doch, wer ihr Ziel erreichen will, der muß
Ihr Beispiel ganz befolgen, nicht nur halb.
Sie söhnte sich, als sie den Thron bestieg,
Mit allen ihren Feinden aus, nun hatte
Niemand von ihr zu fürchten, nur zu hoffen,
Kein Wunder, daß sie fest saß bis zum Tod!

Mariamne. Das find ich kläglich! Wozu einen Zepter,
  Wenn nicht, um Haß und Liebe zu befried'gen?
  Die Fliegen zu verscheuchen g'nügt ein Zweig!
Joseph. Sehr wahr!
  *(Zu Alexandra.)*   Und du?
Alexandra.              Sie sah im Traum wohl nie
  Den Ahnherrn ihres Stamms, den großen Judas,
  Sonst hätt' sie wahrlich keinen Feind gescheut,
  Denn noch vom Grab aus schützt er seine Enkel,
  Weil er in keinem Herzen sterben kann.
  Wie sollt' er auch! Es kann ja niemand beten,
  Der sich nicht sagen muß: ich dank es ihm,
  Daß ich noch knieen darf vor meinem Gott
  Und nicht vor Holz, vor Erz und Stein!
Joseph *(für sich)*.            Der König
  Hat recht gehabt! Ich muß die Tat vollbringen,
  Und zwar an beiden, oder sie erleiden.
  Ich muß mir auf das Haupt die Krone setzen,
  Wenn ich's vorm Beil des Henkers sichern will.
  Hier starrt mir eine Welt von Haß entgegen!
  Wohlan, sie sprachen sich das Urteil selbst;
  Ich hab sie jetzt zum letzten Mal geprüft,
  Und wäre nur sein Bote da, ich würde
  Es mitleidslos den Augenblick vollziehn!
  Jedwede Vorbereitung ist getroffen.


FÜNFTE SZENE

Ein Diener. Der Hauptmann Titus bittet um Gehör!
Joseph. Sogleich! *(Will gehen.)*
Alexandra.      Warum nicht hier?
Der Diener.              Da ist er schon!
Titus *(tritt ein; zu Joseph, heimlich)*.
  Was du befürchtetest, geschieht, das Volk
  Empört sich!
Joseph.     Tu denn rasch, was ich befahl,
  Stell die Kohorte auf und rücke aus!
Titus. Das tat ich schon. Nun komm ich, dich zu fragen,
  Ob du Gefangne oder Tote willst?

Mein Adler packt so gut, als er zerfleischt,
   Und du mußt wissen, was dir besser frommt.
Joseph. Blut darf nicht fließen!
Titus.                     Gut! So hau ich ein,
   Eh' sie die Steinigung begonnen haben,
   Sonst tät' ich's später!
Joseph.            Sahst du Sameas?
Titus. Den Pharisäer, der sich einst die Stirn
   An meinem Schild fast einstieß, weil er stets
   Die Augen schließt, sobald er mich erblickt?
   Den sah ich allerdings!
Joseph.                Und wie? Sprich laut!
Titus. Auf offnem Markt, von Tausenden umringt,
   Herodes laut verfluchend!
Joseph *(zu Alexandra).*      Sameas
   Ging erst vor einer Stunde fort von dir!
Alexandra. Sahst du's?
Titus *(zu Joseph).*      Erscheinst du selbst?
Joseph.                         Sobald ich kann!
   Einstweilen –
Titus.        Wohl! Ich geh! *(Will gehen.)*
Alexandra *(ruft ihn um).* Ein Wort noch, Hauptmann!
   Warum entzogst du uns die Wache?
Mariamne.                         Fehlt sie?
Alexandra. Seit gestern abend. Ja!
Joseph.                       Weil ich's gebot!
Titus. Und weil der König, als er ging, mir sagte:
   Dies ist der Mann, der meinen Willen weiß,
   Was er gebietet, das gebiet ich selbst! *(Ab.)*
Alexandra *(zu Joseph).* Und du?
Joseph.            Ich dachte, Judas Makkabäus
   Wär' Schutz genug für dich und deine Tochter.
   Im übrigen, du hörst, wie's draußen steht:
   Ich brauche die Soldaten! *(Für sich.)* Wenn die Römer
   So nahe wären, könnt' es mir mißglücken!
   Heut schickt' ich Galiläer!
Alexandra *(zu Mariamne).*    Meinst du noch,
   Mein Argwohn habe keinen Grund?
Mariamne.                         Ich weiß nicht,
   Doch jetzt steckt er mich an. Dies find ich seltsam!

Obgleich – Wenn aus der Wand ein Wurfspieß führe,
Es käme mir nicht unerwarteter!
Alexandra.
Zwei Stöße, und der Weg zum Thron ist frei;
Denn, gibt es keine Makkabäer mehr,
So kommen die Herodianer dran.
Mariamne. Ich würde dich noch jetzt verlachen, wäre
Nicht Salome sein Weib! – Bei meinem Bruder,
Ihr Kopf ist mein! Ich spreche zu Herodes:
Wie du mich rächst an ihr, so liebst du mich!
Denn sie, nur sie ist's! Der da nimmermehr!
Alexandra.
Du triumphierst zu früh! Erst gilt's zu handeln,
Und diesen Aufstand, dächt' ich, nutzten wir!
Mariamne.
Mit diesem Aufstand hab ich nichts zu schaffen,
Denn wenn Herodes wiederkehrt, so bleibt
Mir nichts zu fürchten, und wenn nicht, so kommt
Der Tod in jeglicher Gestalt mir recht!
Alexandra. Ich geh! *(Will ab.)*
Joseph *(vertritt ihr den Weg).*
                    Wohin?
Alexandra.         Fürs erste auf die Zinne
Und dann, wohin es mir gefallen wird!
Joseph. Zur Zinne steht der Weg dir frei! Die Burg
Ist abgesperrt!
Alexandra.     So wären wir Gefangne?
Joseph. Solange, bis die Ruhe hergestellt ist,
Muß ich dich bitten –
Alexandra.       Was erkühnst du dich?
Joseph. Ein Stein ist blind, ein röm'scher Wurfspieß auch,
Sie treffen beide oft, was sie nicht sollen,
Drum muß man ihnen aus dem Wege gehn!
Alexandra *(zu Mariamne).*
Ich steig hinauf und suche meinen Freunden
Durch Zeichen kundzutun, wie's mit uns steht.
Mariamne.
Durch Zeichen – deinen Freunden – Mutter, Mutter!
So bist du's wirklich selbst und nicht das Volk?
Wenn du dir selbst nur nicht die Grube gräbst!

*(Alexandra will gehen.)*

Joseph. Du wirst gestatten, daß dich mein Trabant
  Begleitet. Philo!
Alexandra.   Also offner Krieg?
  *(Philo tritt ein.)*
Joseph *(redet mit ihm, anfangs leise, dann laut).*
  Du hast verstanden?
Philo.        Ja!
Joseph.           Im schlimmsten Fall!
Philo. Den wart ich ab, dann –
Joseph.           Und mir bürgt dein Kopf!
  *(Für sich.)* Mir däucht, Herodes' Geist ist über mir!
Alexandra *(für sich).*
  Ich gehe doch! Vielleicht ist der Soldat,
  Obgleich ein Galiläer, zu gewinnen!
  Versuchen will ich es! *(Ab.)*
    *(Philo folgt ihr.)*
Joseph *(für sich).*   Ich kann nicht anders,
  Wie sehr es mich verdächt'gen mag, der Aufruhr
  Zwingt mich zu diesem Schritt, ich darf sie jetzt
  Nicht aus den Augen lassen, wenn ich mir
  Die Tat nicht selbst unmöglich machen will,
  Denn jede Stunde kann sein Bote kommen!
  Ihn selbst erwarte ich schon längst nicht mehr.
Mariamne. Wann starb Herodes?
Joseph.            Wann er starb?
Mariamne.            Und wie?
  Du mußt es wissen, da du so viel wagst!
Joseph. Was wag ich denn? Du gibst mir Rätsel auf!
Mariamne.
  Nichts, wenn du glaubst, ich finde keinen Schutz,
  Sobald die Römer hören, daß mein Leben
  Bedroht ist, alles, wenn du darin irrst.
Joseph. Und wer bedroht dein Leben?
Mariamne.            Fragst du noch?
  Du!
Joseph.   Ich?
Mariamne.   Kannst du das Gegenteil mir schwören?
  Kannst du's bei deines Kindes Haupt? – Du schweigst!
Joseph. Du hast mir keine Schwüre abzufodern.

Mariamne. Wer so verklagt wird, leistet sie von selbst.
　Doch weh dir, wenn Herodes wiederkehrt!
　Ich sag ihm zweierlei vorm ersten Kuß,
　Ich sag ihm, daß du sannst auf meinen Mord,
　Ich sag ihm, was ich schwur: ermiß nun selbst,
　Welch Schicksal dich erwartet, wenn er kommt!
Joseph. Und was – was schwurst du? Wenn's mich
　　　　　　　　　　　　　　　　　schrecken soll,
　So muß ich's wissen.
Mariamne. 　　　　　Hör's zu deinem Fluch!
　Daß ich mit eigner Hand mich töten will,
　Wenn er – Oh, hätt' ich das geahnt! Nicht wahr? –
　Dann hätte ich an einen kalten Gruß
　Mich nie gekehrt, ich hätte fortgefahren,
　Wie ich begann, und alles stünde wohl!
　Denn anfangs warst du ein ganz andrer Mann!
Joseph. Ich habe nichts zu fürchten.
Mariamne. 　　　　　　　　　　Weil du meinst,
　Es sei unmöglich, daß er wiederkehrt!
　Wer weiß! Und wenn! Ich halte meinen Schwur,
　Doch eher nicht, bis ich an dir mich rächte,
　Bis ich an dir, erzittre, so mich rächte,
　Wie er mich rächen würde! Zieh doch jetzt
　Sogleich dein Schwert! Du wagst es nicht? Ich glaub's!
　Und wie du mich auch hüten magst, ich finde
　Zum Hauptmann Titus sicher einen Weg!
　Verloren ist dein Spiel, seit ich's durchschaut.
Joseph *(für sich)*.
　Wahr, wahr! *(Zu Mariamne.)*
　　　　　　Ich halte dich beim Wort! Du rächst
　Dich so, ganz so, wie er dich rächen würde!
　Das hast du mir gelobt! Vergiß es nicht!
Mariamne.
　So spricht der Wahnwitz! Daß Herodes mich
　Mehr liebt, wie ich mich selber lieben kann,
　Wird keiner, wird nicht einmal Salome,
　Dein tück'sches Weib, bezweifeln, wenn sie mich
　Auch eben darum doppelt hassen, wenn sie
　Auch eben darum dir den Mordgedanken
　Rachsüchtig eingegeben haben mag!

**Joseph.**
    Daß er von ihr kommt, weiß ich, und ich will
    Sie treffen, daß sie's fühlt, ihr Schmerz um dich
    Soll meine letzte Lust auf Erden sein!
**Joseph.**
    Du irrst dich! Doch gleichviel! Ich hab dein Wort!
**Mariamne.**
    Du wiederholst es noch einmal? Verruchter,
    Welch einen Aufruhr nächtlicher Gedanken
    Weckst du mir in der Brust und welchen Argwohn!
    Du sprichst, als ob Herodes selber mich
    Zum Opfertier und dich zum Opferpriester
    Erkoren hätte. Ist es so? Beim Abschied
    Entfiel ihm, mit Entsetzen denk ich dran,
    Ein' dunkles Wort. Gib Antwort!
**Joseph.**                         Diese geb ich
    Sobald es nötig ist, sobald ich weiß,
    Daß er —
**Mariamne.**    Dich nicht mehr Lügen strafen kann,
    Wenn du ihn feig und schlecht des Schrecklichsten,
    Des Maßlos-Ungeheuersten verklagtest,
    Bloß um dich selbst vor mir zu reinigen?
    Ich sage dir, ich höre dich nur jetzt,
    Wo er vielleicht, eh' du noch endigtest,
    Schon in die Tür tritt und dich niederstößt!
    Schweig denn auf ewig, oder sprich sogleich!
**Joseph.** Und wenn es wär'? Ich sag nicht, daß es ist!
    Doch wenn es wär'? Was würd' es anders sein,
    Als die Bestät'gung dessen, was du fühlst,
    Als ein Beweis, daß er dich liebt, wie nie
    Ein Mann sein Weib noch liebte?
**Mariamne.**                   Was ist das?
    Mir deucht, schon einmal hab ich das gehört!
**Joseph.** Ich dächte doch, es könnte dir nur schmeicheln,
    Wenn ihm der Tod nicht halb so bitter wär',
    Als der Gedanke, dich —
**Mariamne.**           Was gilt die Wette,
    Ich selber bring es jetzt für dich zu Ende!
    Als der Gedanke, mich zurückzulassen
    In einer Welt, wo ein Antonius lebt!
**Joseph.** Nun ja! Ich sag nicht, daß er das gesagt —

**Mariamne.** Er hat's gesagt! Er hat – Was hat er nicht!
  Oh, daß er endlich käme!
**Joseph.** Mariamne! – *(Für sich.)*
  Wie hab ich mich verstrickt! Zwar tat ich nichts,
  Als was ich mußte! Doch mich packt ein Grauen,
  Daß er – ich seh den Aristobolus.
  Verflucht die Tat, die einen Schatten wirft,
  Eh' sie ins Leben tritt!
**Mariamne.** So war das mehr,
  Als eine tolle Blase des Gehirns,
  Wie sie zuweilen aufsteigt und zerplatzt,
  So war's – Von jetzt erst fängt mein Leben an,
  Bis heute träumt' ich!


### SECHSTE SZENE

*Ein Diener tritt ein; ihm folgt Salome.*

**Salome** *(zum Diener).* Ward's dir untersagt,
  Hier ungemeldet jemand einzulassen?
  Ich nehm's auf mich!
**Joseph.** Du, Salome?
**Salome.** Wer sonst?
  Kein böser Geist! Dein Weib! Dein armes Weib,
  Um das du warbst, wie Jakob warb um Rahel,
  Und das du nun – *(Zu Mariamne.)* Verfluchte, war es dir
  Noch nicht genug, daß du das Herz des Bruders
  Mir abgewendet hast? Mußt du mir jetzt
  Auch den Gemahl noch rauben? Tag und Nacht
  Denkt er an dich, als wärest du schon Witwe,
  Und ich noch weniger, als das! Bei Tage
  Folgt er auf Schritt und Tritt dir nach! Bei Nacht
  Träumt er von dir, nennt ängstlich deinen Namen,
  Fährt aus dem Schlummer auf –
*(Zu Joseph.)* Hielt ich's dir nicht
  Noch diesen Morgen vor? Und heut sogar,
  Wo ganz Jerusalem in Aufruhr ist,
  Heut ist er nicht bei mir, nicht auf dem Markt,
  Wo ich, weil er nicht kam, ihn suchen ließ,
  Er ist bei dir, und ihr – ihr seid allein!

Mariamne. Die ist es sicher nicht! So ist er's selbst!
  Wenn noch ein Zweifel übrigblieb, so hat
  Die blöde Eifersucht ihn jetzt erstickt! –
  Ich war ihm nur ein Ding und weiter nichts!
Joseph *(zu Salome).*
  Ich schwör dir –
Salome.          Daß ich blind bin? Nein! Ich sehe!
Mariamne. Der Sterbende, der seinen Feigenbaum
  Abhauen ließe, weil er seine Früchte
  Nach seinem Tode keinem andern gönnte,
  Der Sterbende wär' ruchlos, und er hätte
  Den Baum vielleicht doch selbst gepflanzt und wüßte,
  Daß er den Dieb, daß er sogar den Mörder
  Erquicken müßte, der ihn schüttelte.
  Bei mir fällt beides weg! Und doch! Und doch!
  Das ist ein Frevel, wie's noch keinen gab.
Salome *(zu Joseph).*
  Du sprichst umsonst! Ein Auftrag! Welch ein Auftrag?
Mariamne.
  Ein Auftrag! Dies das Siegel! – Wär' es möglich,
  Jetzt müßt' es doch am ersten möglich sein!
  Allein es ist nicht möglich! Keine Regung
  Unedler Art befleckt mein Innerstes,
  Wie es auch stürmt in meiner Brust! Ich würde
  Antonius in diesem Augenblick
  Dieselbe Antwort geben, die ich ihm
  An unsrem Hochzeitstag gegeben hätte,
  Das fühl ich, darum trifft's mich, wie's mich trifft,
  Sonst müßte ich's ertragen, ja verzeihn!
Salome *(zu Mariamne).*
  Ich bin für dich nicht da, wie's scheint?
Mariamne.                        Doch! Doch!
  Du hast sogar die größte Wohltat mir
  Erzeigt, ich, die ich blind war, sehe jetzt,
  Ich sehe hell und das allein durch dich!
Salome.
  Verhöhnst du mich? Auch das sollst du mir büßen,
  Wenn nur mein Bruder wiederkehrt! Ich werde
  Ihm alles sagen –
Mariamne.      Was? Ja so! Das tu!

Und hört er drauf – – Warum denn nicht? Was
                                              lach ich?
Ist das denn noch unmöglich? – – Hört er drauf,
So nimm mein Wort: ich widersprech dir nicht!
Ich liebe mich nicht mehr genug dazu!


SIEBENTE SZENE

Alexandra *(stürzt herein).*
  Der König!
Joseph.    In der Stadt?
Alexandra.                Schon in der Burg!


DRITTER AKT

Burg Zion. Alexandras Gemächer.


ERSTE SZENE

*Alexandra. Joseph. Salome. Herodes tritt ein. Sein Ge-*
                  *folge. Soemus.*

Herodes. Da wär' ich wieder!
  *(Zu Soemus.)*         Blutet's noch? Der Stein
Hat mir gegolten, und er traf dich nur,
Weil du gerade kamst, mir was zu sagen,
Dein Kopf war diesmal deines Königs Schild!
Wärst du geblieben, wo du warst –
Soemus.                    So hätt' ich
Die Wunde nicht, doch auch nicht das Verdienst,
Wenn es ein solches ist. In Galiläa
Wird höchstens der gesteinigt, der es wagt,
Sich dir und mir, der ich dein Schatten bin,
Dein Sprachrohr, oder, was du immer willst,
Zu widersetzen.
Herodes.     Ja, da sind sie treu!
Dem eignen Vorteil nämlich, und weil dieser

Mit meinem Hand in Hand geht, meinem auch.
Soemus. Wie sehr, das siehst du daran, daß du mich
In deiner Hauptstadt findest.
Herodes.                          In der Tat,
Dich hier zu treffen, hätt' ich nicht erwartet;
Denn, wenn der König fern ist, tun die Wächter
Den störrigen Provinzen doppelt not!
Was trieb dich denn von deinem Posten fort?
Doch ganz gewiß was andres, als der Wunsch,
Mir zu beweisen, daß er ungefährdet
Verlassen werden könne, und die Ahnung,
Daß hier ein Steinwurf aufzufangen sei!
Soemus. Ich kam herüber, um dem Vizekönig
Entdeckungen von wunderbarer Art
In schuld'ger Eile mündlich mitzuteilen.
Ich wollt' ihm melden, daß die Pharisäer
Sogar den starren Boden Galiläas,
Wenn auch umsonst, zu unterhöhlen suchen,
Doch meine Warnung kam zu spät, ich fand
Jerusalem in Flammen vor und konnte
Nur löschen helfen!
Herodes *(reicht ihm die Hand).*
                          Und das tatest du
Mit deinem Blut! – Sieh, Joseph, guten Tag!
Dich hätt' ich anderswo gesucht! – Schon gut!
Jetzt aber geh und schaff den Sameas,
Den Pharisäer, den der Hauptmann Titus
Auf Skythenart gefangenhält, hieher.
Der starre Römer schleppt ihn, an den Schweif
Des Rosses, das er reitet, festgebunden,
Mit sich herum, weil er im heil'gen Eifer
Auf offnem Markt nach ihm gespieen hat.
Nun muß er rennen, wie er niemals noch
Gerannt sein mag, wenn er nicht fallen und
Geschleift sein will. Ich hätte ihn sogleich,
Wie ich vorüberkam, erlösen sollen!
Verdanke ich's doch sicher ihm allein,
Daß ich jetzt alle Schlangen, die bisher
Sich still vor mir verkrochen, kennenlernte!
Nun kann ich sie zertreten, wann ich will!

*(Joseph ab. – Herodes zu Alexandra.)*
Ich grüße dich! Und vom Antonius
Soll ich dir melden, daß man einen Fluß
Nicht vor Gericht ziehn kann, und einen König,
In dessen Land er fließt, noch weniger,
Weil er ihn nicht verschütten ließ!
*(Zu Soemus.)* Ich wär'
Längst wieder hier gewesen, doch wenn Freunde
Zusammenkommen, die sich selten sehn,
So halten sie sich fest! Das wird auch dir,
Ich sag es dir voraus, bei mir geschehn,
Nun ich dich endlich einmal wieder habe.
Du wirst mit mir die Feigen schütteln müssen,
So wie ich dem Antonius die Muränen,
Pfui, Schlemmerei! in Strömen von Falerner
Ersticken helfen und für manchen Schwank
Aus unsrer frühern Zeit ihm das Gedächtnis
Auffrischen mußte! Mach dich nur gefaßt,
Mir gleichen Dienst zu leisten. Hab ich auch
Vom Triumphator nicht genug in mir,
Daß ich dich so zu mir entboten hätte,
Wie er mich selbst zu sich entbot, zum Schein
Auf eine abgeschmackte Klage hörend,
Die Stirn, wie Cäsar, runzelnd und den Arm
Mit Blitz und Donnerkeil zugleich bewaffnend,
Bloß um gewiß zu sein – dies war der Grund,
Warum er's tat – daß ich auch wirklich käme,
So mach ich mir den Zufall, der dich heute
Mir in die Hände liefert, doch zunutz,
Und sprech, wie er, wenn du von deinem Amt
Zu reden anfängst: Führst du's, wie du sollst,
So braucht es dich nicht jeden Augenblick!
Du kommst so selten, daß es scheint, als wärst
Du hier nicht gern!
Soemus.         Du tust mir unrecht, Herr,
Doch hab ich Ursach', nicht zu oft zu kommen!
Herodes *(zu Salome).*
Auch du bist hier? – So lerntest du es endlich
Dir einzubilden, wenn du Mariamnen
Begegnest, daß du in den Spiegel siehst

Und deinen eignen Widerschein erblickst?
Oft riet ich's dir, wenn du ihr grolltest, niemals
Gefiel der Rat dir! Nimm den Scherz nicht krumm!
Man kann nichts Übles in der Stunde tun,
Wo man sich wiedersieht! Doch, wo ist sie?
Man sagte mir, sie sei bei ihrer Mutter,
Drum kam ich her!
Salome.          Sie ging, als sie vernahm,
Daß du dich nähertest!
Herodes.       Sie ging? Unmöglich!
Doch wohl! Sie tat es, weil die Einsamkeit
Dem Wiedersehen ziemt! –
*(Für sich.)*          Willst du ihr zürnen,
Statt abzubitten, Herz? – Ich folge ihr,
Denn ihr Gefühl hat recht!
Salome.          Belüg dich nur,
Und leg den Schreck, dich auferstehn zu sehn,
Die Scham, an deinen Tod geglaubt zu haben,
Die größere, kaum Witwe mehr zu sein,
Leg ihr das alles aus, als wär's die Scheu
Des Mägdleins, das noch keinen Mann erkannt,
Nicht die Verwirrung einer Sünderin!
Sie ging aus Furcht!
Herodes.       Aus Furcht? – Sieh um dich her,
Wir sind hier nicht allein!
Salome.          Das ist mir recht,
Bring ich vor Zeugen meine Klage an,
So wird sie um so sicherer gehört,
Und um so schwerer unterdrückt!
Herodes.          Du stellst
Dich zwischen mich und sie? Nimm dich in acht,
Du kannst zertreten werden!
Salome.          Diesmal nicht,
Obgleich ich weiß, was dir die Schwester gilt,
Wenn's um die Makkabäerin sich handelt,
Diesmal –
Herodes.   Ich sag dir eins! Wär' an dem Tag,
An dem ich sie zum ersten Mal erblickte,
Ein Kläger aufgestanden wider sie,
Er hätt' nicht leicht Gehör bei mir gefunden,

## 3. Akt, 1. Szene

Doch leichter noch, wie heut! Das warne dich!
Ich bin ihr so viel schuldig, daß sie mir
Nichts schuldig werden kann, und fühl es tief!
Salome. So hat sie einen Freibrief?
Herodes. Jede Larve
Zu tragen, die ihr gut scheint, dich zu täuschen,
Wenn sie sich Kurzweil mit dir machen will!
Salome.
Dann – Ja, dann muß ich schweigen! Wozu spräch' ich!
Denn, was ich dir auch sagen möchte, immer
Wär' deine Antwort fertig: Mummerei!
Nun diese Mummerei ist gut geglückt,
Sie hat nicht mich allein, sie hat die Welt
Mit mir berückt und kostet dir die Ehre,
Wie mir die Ruh', ob du auch schwören magst,
Daß Joseph nur getan, was er gesollt,
Wenn er – Sieh zu, ob es ein Mensch dir glaubt!
Herodes. Wenn er – Was unterdrückst du? Endige!
Doch nein – – Noch nicht!
*(Zu einem Diener.)* Ich laß die Königin
Ersuchen zu erscheinen! – Ist es nicht,
Als wär' die ganze Welt von Spinnen rein,
Und alle nisteten in meinem Hause,
Um, wenn einmal für mich der blaue Himmel
Zu sehen ist, ihn gleich mir zu verhängen
Und Wolkendienst zu tun? Zwar – seltsam ist's,
Daß sie nicht kommt! Sie hätt' mich küssen müssen,
Der Allgewalt des Augenblicks erliegend,
Und dann die Lippen sich zerbeißen mögen,
Wenn das Gespenst denn noch nicht von ihr wich!
*(Zu Salome.)*
Weißt du, was du gewagt hast? Weißt du's, Weib?
Ich freute mich! Verstehst du das? Und nun – –
Die Erde hat mir einmal einen Becher
Mit Wein verschüttet, als ich durstig war,
Weil sie zu zucken anfing, eh' ich ihn
Noch leerte, ihr verzieh ich, weil ich mußte,
An dir könnt' ich mich rächen!

## ZWEITE SZENE

*Mariamne tritt auf.*

Herodes.                    Wirf dich nieder
  Vor ihr, die du vor so viel Zeugen kränktest,
  Dann tu' ich's nicht!
Salome.            Ha!
Alexandra.            Was bedeutet das?
Herodes. Nun, Mariamne?
Mariamne.              Was befiehlt der König?
  Ich bin entboten worden und erschien!
Alexandra.
  Ist dies das Weib, das schwur, sich selbst zu töten,
  Wenn er nicht wiederkehrte?
Herodes.                 Dies dein Gruß?
Mariamne. Der König ließ mich rufen, ihn zu grüßen?
  Ich grüße ihn! Da ist das Werk vollbracht!
Alexandra.
  Du irrst dich sehr! Du stehst hier vor Gericht!
Herodes. Man wollte dich verklagen! Eh' ich noch
  Die Klage angehört, ließ ich dich bitten,
  Hieherzukommen, aber wahrlich nicht,
  Daß du dich gegen sie verteidigtest,
  Nur, weil ich glaube, daß sie in sich selbst
  Ersticken wird vor deiner Gegenwart!
Mariamne.
  Um das zu hindern, sollt' ich wieder gehn!
Herodes. Wie, Mariamne? Nie gehörtest du
  Zu jenen Seelen jammervoller Art,
  Die, wie sie eben Antlitz oder Rücken
  Des Feindes sehn, verzeihn und wieder grollen,
  Weil sie zu schwach für einen echten Haß
  Und auch zu klein für volle Großmut sind.
  Was hat dich denn im Tiefsten so verwandelt,
  Daß du dich ihnen jetzt noch zugesellst?
  Du hast doch, als ich schied, ein Lebewohl
  Für mich gehabt; dies deucht mir, gab mir Anspruch
  Auf dein Willkommen, und du weigerst das?
  Du stehst so da, als lägen Berg und Tal
  Noch zwischen uns, die uns so lange trennten?

Du trittst zurück, wenn ich mich nähern will?
So ist dir meine Wiederkunft verhaßt?
Mariamne. Wie sollte sie? Sie gibt mir ja das Leben
Zurück!
Herodes.    Das Leben? Welch ein Wort ist dies!
Mariamne.
Du wirst nicht leugnen, daß du mich verstehst!
Herodes *(für sich).*
Kann sie's denn wissen?
*(Zu Mariamne.)*    Komm!
*(Da Mariamne nicht folgt.)*    Laßt uns allein!
*(Zu Alexandra.)*
Du wirst verzeihn!
Alexandra.        Gewiß!
          *(Ab. Alle andern folgen ihr.)*
Mariamne.            So feig!
Herodes.                So feig?
Mariamne. Und auch – Wie nenn ich's nur?
Herodes.                        Und auch? –
*(Für sich.)*                        Das wär'
Entsetzlich! Nimmer löscht' ich's in ihr aus!
Mariamne. Ob ihm sein Weib ins Grab freiwillig folgt,
Ob sie des Henkers Hand hinunterstößt –
Ihm gleich, wenn sie nur wirklich stirbt! Er läßt
Zum Opfertod ihr nicht einmal die Zeit!
Herodes. Sie weiß es!
Mariamne.        Ist Antonius denn ein Mensch,
Wie ich bisher geglaubt, ein Mensch, wie du,
Oder ein Dämon, wie du glauben mußt,
Da du verzweifelst, ob in meinem Busen
Noch ein Gefühl von Pflicht, ein Rest von Stolz
Ihm widerstehen würde, wenn er triefend
Von deinem Blut als Freier vor mich träte
Und mich bestürmte, ihm die Zeit zu kürzen,
Die die Ägypterin ihm übrigläßt?
Herodes. Doch wie? Doch wie?
Mariamne.                Er müßte dich ja doch
Getötet haben, eh' er werben könnte,
Und wenn du selbst dich denn – ich hätt' es nie
Gedacht, allein ich seh's! – so nichtig fühlst,

Daß du verzagst, in deines Weibes Herzen
Durch deines Männerwertes Vollgehalt
Ihn aufzuwägen, was berechtigt dich,
Mich so gering zu achten, daß du fürchtest,
Ich wiese selbst den Mörder nicht zurück?
O Doppelschmach!
Herodes *(ausbrechend).*
                    Um welchen Preis erfuhrst
Du dies Geheimnis? Wohlfeil war es nicht!
Mir stand ein Kopf zum Pfand!
Mariamne.            O Salome,
Du kanntest deinen Bruder! – Frage den,
Der mir's verriet, was er empfangen hat,
Von mir erwarte keine Antwort mehr! *(Wendet sich.)*
Herodes. Ich zeig dir gleich, wie ich ihn fragen will!
Soemus!


DRITTE SZENE

*Soemus tritt ein.*

Herodes.    Ist mein Schwäher Joseph draußen?
Soemus. Er harrt mit Sameas.
Herodes.                    Führ ihn hinweg!
Ich gab ihm einen Brief! Er soll den Brief
Alsbald bestellen! Du begleitest ihn
Und sorgst, daß alles treu vollzogen wird,
Was dieser Brief befiehlt!
Soemus.            Es soll geschehn! *(Ab.)*
Herodes. Was du auch ahnen, denken, wissen magst,
Du hast mich doch mißkannt!
Mariamne.            Dem Brudermord
Hast du das Siegel der Notwendigkeit,
Dem man sich beugen muß, wie man auch schaudert,
Zwar aufgedrückt, doch es gelingt dir nie,
Mit diesem Siegel auch den Mord an mir
Zu stempeln, der wird bleiben, was er ist,
Ein Frevel, den man höchstens wiederholen,
Doch nun und nimmer überbieten kann!
Herodes. Ich würde nicht den Mut zur Antwort haben,
Wenn ich, was ich auch immer wagen mochte,

Des Ausgangs nicht gewiß gewesen wäre,
Das war ich aber, und ich war es nur,
Weil ich mein alles auf das Spiel gesetzt!
Ich tat, was auf dem Schlachtfeld der Soldat
Wohl tut, wenn es ein Allerletztes gilt,
Er schleudert die Standarte, die ihn führt,
An der sein Glück und seine Ehre hängt,
Entschlossen von sich ins Gewühl der Feinde,
Doch nicht, weil er sie preiszugeben denkt:
Er stürzt sich nach, er holt sie sich zurück,
Und bringt den Kranz, der schon nicht mehr dem Mut,
Nur der Verzweiflung noch erreichbar war,
Den Kranz des Siegs, wenn auch zerrissen, mit.
Du hast mich feig genannt. Wenn der es ist,
Der einen Dämon in sich selber fürchtet,
So bin ich es zuweilen, aber nur,
Wenn ich mein Ziel auf krummem Weg erreichen,
Wenn ich mich ducken und mich stellen soll,
Als ob ich der nicht wäre, der ich bin.
Dann ängstigt's mich, ich möchte mich zu früh
Aufrichten, und um meinen Stolz zu zähmen,
Der, leicht empört, mich dazu spornen könnte,
Knüpf ich an mich, was mehr ist, als ich selbst,
Und mit mir stehen oder fallen muß.
Weißt du, was meiner harrte, als ich ging?
Kein Zweikampf und noch minder ein Gericht,
Ein launischer Tyrann, vor dem ich mich
Verleugnen sollte, aber sicher nicht
Verleugnet hätte, wenn – Ich dachte dein,
Nun knirsch' ich nicht einmal – und was er auch
Dem Mann und König in mir bieten mochte,
Von Schmaus zu Schmaus mich schleppend und den
                              Freispruch
Mir doch, unheimlich schweigend, vorenthaltend,
Gedulgig, wie ein Sklave, nahm ich's hin!
Mariamne.
Du sprichst umsonst! Du hast in mir die Menschheit
Geschändet, meinen Schmerz muß jeder teilen,
Der Mensch ist, wie ich selbst, er braucht mir nicht
Verwandt, er braucht nicht Weib zu sein, wie ich.

> Als du durch heimlich-stillen Mord den Bruder
> Mir raubtest, konnten die nur mit mir weinen,
> Die Brüder haben, alle andern mochten
> Noch trocknen Auges auf die Seite treten
> Und mir ihr Mitleid weigern. Doch ein Leben
> Hat jedermann und keiner will das Leben
> Sich nehmen lassen, als von Gott allein,
> Der es gegeben hat! Solch einen Frevel
> Verdammt das ganze menschliche Geschlecht,
> Verdammt das Schicksal, das ihn zwar beginnen,
> Doch nicht gelingen ließ, verdammst du selbst!
> Und wenn der Mensch in mir so tief durch dich
> Gekränkt ist, sprich, was soll das Weib empfinden,
> Wie steh ich jetzt zu dir und du zu mir?

### VIERTE SZENE

Salome *(stürzt herein).*
> Entsetzlicher, was sinnst du? Meinen Gatten
> Seh ich von hinnen führen – er beschwört mich,
> Dich um Erbarmung anzuflehn – ich zaudre,
> Weil ich ihm grolle und ihn nicht verstehe –
> Und nun – nun hör ich grause Dinge flüstern –
> Man spricht – Man lügt, nicht wahr?

Herodes.                                                     Dein Gatte stirbt!
Salome. Eh' er gerichtet wurde? Nimmermehr!
Herodes. Er ist gerichtet durch sich selbst! Er hatte
> Den Brief, der ihn zum Tod verdammt, in Händen,
> Eh' er sich gegen mich verging, er wußte,
> Welch eine Strafe ihn erwartete,
> Wenn er es tat; er unterwarf sich ihr
> Und tat es doch!

Salome.         Herodes, höre mich!
> Weißt du das denn gewiß? Ich habe ihn
> Verklagt, ich glaubte es mit Recht zu tun,
> Ich hatte Grund dazu – Daß er sie liebte,
> War offenbar, er hatte ja für mich
> Nicht einen Blick mehr, keinen Händedruck –
> Er war bei Tage um sie, wann er konnte,

Und nachts verrieten seine Träume mir,
Wie sehr sie ihn beschäftigte – Das alles
Ist wahr, und mehr – – Doch folgt aus diesem allen
Noch nicht, daß sie ihn wieder lieben mußte,
Noch weniger, daß sie – O nein! o nein!
Mich riß die Eifersucht dahin – vergib!
Vergib auch du. *(Zu Mariamne.)* Ich habe dich gehaßt!
O Gott, die Zeit vergeht! Man sprach – Soll ich
Dich lieben, wie ich dich gehaßt? Dann sei
Nicht länger stumm, sprich, daß er schuldlos ist
Und bitt für ihn um Gnade, wie ich selbst!
Mariamne. Er ist's!
Herodes.           In ihrem Sinn – in meinem nicht!
Mariamne. In deinem auch!
Herodes.             Dann müßtest du nichts wissen!
Jetzt kann ihn nichts entschuldigen! Und wenn ich
Den Tod ihm geben lasse, ohne ihn
Vorher zu hören, so geschieht's zwar mit,
Weil ich dir zeigen will, daß ich von dir
Nicht niedrig denke und das rasche Wort,
Das mir im ersten Zorn entfiel, bereue,
Doch mehr noch, weil ich weiß, daß er mir nichts
Zu sagen haben kann!


### FÜNFTE SZENE

Soemus.           Das blut'ge Werk
Ist abgetan! Doch ganz Jerusalem
Steht starr und fragt, warum der Mann, den du
Zu deinem Stellvertreter machtest, als du
Von hinnen zogst, bei deiner Wiederkehr
Den Kopf verlieren mußte!
Salome *(taumelt).*      Wehe mir!
    *(Mariamne will sie auffangen.)*
Fort! Fort! *(Zu Herodes.)*
       Und die?
Herodes.        Gib dich zufrieden, Schwester!
Dein Gatte hat mich fürchterlich betrogen –
Salome. Und die?

Herodes.     Nicht so, wie du es meinst –
Salome.                                         Nicht so?
  Wie denn? Sie willst du retten? Wenn mein Gatte
  Dich fürchterlich betrog, so tat sie's auch,
  Denn wahr ist, was ich sagte, und ein jeder
  Soll's wissen, der es noch nicht weiß! Du sollst
  In ihrem Blut dich waschen, wie in seinem,
  Sonst wirst du niemals wieder rein! Nicht so!
Herodes. Bei allem, was mir heilig ist –
Salome.                                         So nenne
  Mir sein Verbrechen, wenn es das nicht war!
Herodes. Wollt' ich es nennen, würde ich's vergrößern!
  Ich hatt' ihm ein Geheimnis anvertraut,
  An dem mein alles hing, und dies Geheimnis
  Hat er verraten, soll auch ich das tun?
Salome. Elende Ausflucht, die mich schrecken wird!
  Meinst du, daß du mich täuschen kannst? Du glaubst
  An alles, was ich sagte, doch du bist
  Zu schwach, um deine Liebe zu ersticken,
  Und ziehst es vor, die Schande zu verhüllen,
  Die du nicht tilgen magst. Doch wenn du mich,
  Die Schwester, nicht, wie meinen Gatten tötest,
  So wird dir das mißlingen! *(Zu Mariamne.)* Er ist tot,
  Nun kannst du schwören, was du willst, er wird
  Nicht widersprechen! *(Ab.)*
Herodes.          Folg ihr nach, Soemus,
  Und such sie zu begütigen! Du kennst sie,
  Und eh'mals hat sie gern auf dich gehört!
Soemus. Die Zeiten sind vorüber! Doch, ich geh! *(Ab.)*
Mariamne *(für sich).*
  Für den, der mich ermorden wollte, hätt' ich
  Wohl nicht gebeten! Dennoch schaudre ich,
  Daß mir nicht einmal Zeit blieb, es zu tun!
Herodes *(für sich).*
  Er mußte doch daran! Im nächsten Krieg
  Hätt' er den Platz des Urias bekommen!
  Und dennoch reut mich diese Eile jetzt!

## SECHSTE SZENE

Ein Bote *(tritt auf).* Mich schickt Antonius!
Herodes.                              So weiß ich auch,
  Was du mir bringst. Ich soll mich fertigmachen,
  Der große Kampf, von dem er sprach, beginnt!
Bote. Octavianus hat nach Afrika
  Sich eingeschifft, ihm eilt Antonius
  Entgegen, mit Cleopatra vereint,
  Um gleich bei Aktium ihn zu empfangen –
Herodes. Und ich, Herodes, soll der Dritte sein!
  Schon gut! Ich zieh noch heut! Soemus kann,
  So schlecht es hier auch stehn mag, mich ersetzen.
  Gut, daß er kam!
Mariamne.         Er zieht noch einmal fort!
  Dank, Ew'ger, Dank!
Herodes *(sie beobachtend).* Ha!
Bote.                           Großer König, nein!
  Er braucht dich nicht bei Aktium, er will,
  Daß du die Araber, die sich empörten,
  Verhindern sollst, dem Feind sich anzuschließen!
  Das ist der Dienst, den er von dir verlangt.
Herodes. Er hat den Platz, wo ich ihm nützen kann,
  Mir anzuweisen!
Mariamne.       Noch einmal! Das löst
  Ja alles wieder!
Herodes *(wie vorher).*
               Wie mein Weib sich freut!
  *(Zum Boten.)*
  Sag ihm – du weißt's ja schon! –
  *(Für sich.)*                       Die Stirn entrunzelt,
  Die Hände, wie zum Dankgebet, gefaltet –
  Das ist ihr Herz!
Bote.           Sonst hast du nichts für mich?
Mariamne.
  Jetzt werd' ich's sehn, ob's bloß ein Fieber war,
  Das Fieber der gereizten Leidenschaft,
  Das ihn verwirrte, oder ob sich mir
  In klarer Tat sein Innerstes verriet!
  Jetzt werd' ich's sehn!

**Herodes** *(zum Boten).* Nichts! Nichts!
*(Bote ab. – Herodes zu Mariamne.)*
                                        Dein Angesicht
  Hat sich erheitert! Aber hoffe nicht
  Zu viel! Man stirbt nicht stets in einem Krieg,
  Aus manchem kehrt' ich schon zurück!
**Mariamne** *(will reden, unterbricht sich aber).*
                                        Nein! Nein!
**Herodes.** Zwar gilt es diesmal einen hitz'gern Kampf,
  Wie jemals, alle andern Kämpfe wurden
  Um etwas in der Welt geführt, doch dieser
  Wird um die Welt geführt, er soll entscheiden,
  Wer Herr der Welt ist, ob Antonius,
  Der Wüst- und Lüstling, oder ob Octav,
  Der sein Verdienst erschöpft, sobald er schwört,
  Daß er noch nie im Leben trunken war,
  Da wird es Streiche setzen, aber dennoch
  Ist's möglich, daß dein Wunsch sich nicht erfüllt,
  Und daß der Tod an mir vorübergeht!
**Mariamne.**
  Mein Wunsch! Doch wohl! Mein Wunsch! So ist es gut!
  Halt an dich, Herz! Verrat dich nicht! Die Probe
  Ist keine, wenn er ahnt, was dich bewegt!
  Besteht er sie, wie wirst du selbst belohnt,
  Wie kannst du ihn belohnen! Laß dich denn
  Von ihm verkennen! Prüf ihn! Denk ans Ende
  Und an den Kranz, den du ihm reichen darfst,
  Wenn er den Dämon überwunden hat!
**Herodes.** Ich danke dir! Du hast mir jetzt das Herz
  Erleichtert! Mag ich auch an deiner Menschheit
  Gefrevelt haben, das erkenn ich klar,
  An deiner Liebe frevelte ich nicht!
  Drum bettle ich denn auch bei deiner Liebe
  Nicht um ein letztes Opfer mehr, doch hoff ich,
  Daß du mir eine letzte Pflicht erfüllst.
  Ich hoffe das nicht meinetwegen bloß,
  Ich hoff es deinetwegen noch viel mehr,
  Du wirst nicht wollen, daß ich dich nur noch
  Im Nebel sehen soll, du wirst dafür,
  Daß ich den Mund des Toten selbst verschloß,

Den deinen öffnen und es mir erklären,
Wie's kam, daß er den Kopf an dich verschenkte,
Du wirst es deiner Menschheit wegen tun,
Du wirst es tun, weil du dich selber ehrst!
Mariamne. Weil ich mich selber ehre, tu ich's nicht!
Herodes. So weigerst du mir selbst, was billig ist?
Mariamne. Was billig ist! So wär' es also billig,
Daß ich, auf Knieen vor dir niederstürzend,
Dir schwüre: Herr, dein Knecht kam mir nicht nah!
Und daß du's glauben kannst — denn auf Vertraun
Hab ich kein Recht, wenn ich dein Weib auch bin —
So hör noch dies und das! O pfui! pfui!
Herodes, nein! Fragt deine Neugier einst,
So antwort ich vielleicht! Jetzt bin ich stumm!
Herodes. Wär' die Liebe groß genug gewesen,
Mir alles zu verzeihn, was ich aus Liebe
Getan, ich hätt' dich niemals so gefragt!
Jetzt, da ich weiß, wie klein sie ist, jetzt muß ich
Die Frage wiederholen, denn die Bürgschaft,
Die deine Liebe mir gewährt, kann doch
Nicht größer sein, wie deine Liebe selbst,
Und eine Liebe, die das Leben höher
Als den Geliebten schätzt, ist mir ein Nichts!
Mariamne. Und dennoch schweig ich!
Herodes.                         So verdamm ich mich,
Den Mund, der mir, zu stolz, nicht schwören will,
Daß ihn kein andrer küßte, selbst nicht mehr
Zu küssen, bis er es in Demut tut;
Ja, wenn's ein Mittel gäbe, die Erinnrung
An dich in meinem Herzen auszulöschen,
Wenn ich, indem ich beide Augen mir
Durchstäche und die Spiegel deiner Schönheit
Vertilgte, auch dein Bild vertilgen könnte,
In dieser Stunde noch durchstäch' ich sie.
Mariamne. Herodes, mäß'ge dich! Du hast vielleicht
Gerade jetzt dein Schicksal in den Händen
Und kannst es wenden, wie es dir gefällt!
Für jeden Menschen kommt der Augenblick,
In dem der Lenker seines Sterns ihm selbst
Die Zügel übergibt. Nur das ist schlimm,

Daß er den Augenblick nicht kennt, daß jeder
Es sein kann, der vorüberrollt! Mir ahnt,
Für dich ist's dieser! Darum halte ein!
Wie du dir heut die Bahn des Lebens zeichnest,
Mußt du vielleicht sie bis ans Ende wandeln:
Willst du das tun im wilden Rausch des Zorns?

Herodes.
Ich fürchte sehr, du ahnst nur halb das Rechte,
Der Wendepunkt ist da, allein für dich!
Denn ich, was will ich denn? Doch nur ein Mittel,
Womit ich böse Träume scheuchen kann!

Mariamne.
Ich will dich nicht verstehn! Ich hab dir Kinder
Geboren! Denk an die!

Herodes. Wer schweigt, wie du,
Weckt den Verdacht, daß er die Wahrheit nicht
Zu sagen wagt und doch nicht lügen will.

Mariamne. Nicht weiter!

Herodes. Nein, nicht weiter! Lebe wohl!
Und wenn ich wiederkehre, zürne drob
Nicht allzusehr!

Mariamne. Herodes!

Herodes. Sei gewiß,
Ich werde dir nicht wieder so, wie heute,
Den Gruß entpressen!

Mariamne. Nein, es wird nicht wieder
Vonnöten sein! *(Gen Himmel.)*
                  Lenk, Ewiger, sein Herz!
Ich hatt' ihm ja den Brudermord verziehn,
Ich war bereit, ihm in den Tod zu folgen,
Ich bin es noch, vermag ein Mensch denn mehr?
Du tatest, was du nie noch tatst, du wälztest
Das Rad der Zeit zurück: es steht noch einmal,
Wie es vorher stand; laß ihn anders denn
Jetzt handeln, so vergeß ich, was geschehn;
Vergeß es so, als hätte er im Fieber
Mit seinem Schwert mir einen Todesstreich
Versetzt und mich genesend selbst verbunden.
*(Zu Herodes.)*
Seh ich dich noch?

**Herodes.** Wenn du mich kommen siehst,
So ruf nach Ketten! Das sei dir Beweis,
Daß ich verrückt geworden bin!
**Mariamne.** Du wirst
Dies Wort bereun! – Halt an dich, Herz! – Du wirst!
*(Ab.)*
**Herodes.** Wahr ist's, ich ging zu weit. Das sagte ich
Mir unterwegs schon selbst. Doch wahr nicht minder,
Wenn sie mich liebte, würde sie's verzeihn!
Wenn sie mich liebte! Hat sie mich geliebt?
Ich glaub. es. Aber jetzt – Wie sich der Tote
Im Grabe noch zu rächen weiß! Ich schaffte
Ihn fort, um meine Krone mir zu sichern,
Er nahm, was mehr wog, mit hinweg: ihr Herz!
Denn seltsam hat sie, seit ihr Bruder starb,
Sich gegen mich verändert, niemals fand
Ich zwischen ihr und ihrer Mutter noch
Die kleinste Spur von Ähnlichkeit heraus,
Heut glich sie ihr in mehr als einem Zug,
Drum kann ich ihr nicht mehr vertraun, wie sonst!
Das ist gewiß! Doch, muß es darum auch
Sogleich gewiß sein, daß sie mich betrog?
Die Bürgschaft, die in ihrer Liebe lag,
Ist weggefallen, aber eine zweite
Liegt noch in ihrem Stolz, und wird ein Stolz,
Der verschmäht, sich zu verteidigen,
Es nicht noch mehr verschmähn, sich zu beflecken?
Zwar weiß sie's! Joseph! Warum kann der Mensch
Nur töten, nicht die Toten wieder wecken,
Er sollte beides können, oder keins!
Der rächt sich auch! Er kommt nicht! Dennoch seh ich
Ihn vor mir! „Du befiehlst?" – Es ist unmöglich!
Ich will's nicht glauben! Schweig mir, Salome!
Wie es auch kam, so kam es nicht! Vielleicht
Fraß das Geheimnis, wie verschlucktes Feuer,
Von selbst sich bei ihm durch. Vielleicht verriet er's,
Weil er mich für verloren hielt und nun
Mit Alexandra sich versöhnen wollte,
Bevor die Kunde kam. Wir werden sehn!
Denn prüfen muß ich sie! Hätt' ich geahnt,

Daß sie's erfahren könnte, nimmer wär' ich
So weit gegangen. Jetzt, da sie es weiß,
Jetzt muß ich weiter gehn! Denn, nun sie's weiß,
Nun muß ich das von ihrer Rache fürchten,
Was ich von ihrer Wankelmütigkeit
Vielleicht mit Unrecht fürchtete, muß fürchten,
Daß sie auf meinem Grabe Hochzeit hält!
Soemus kam zur rechten Zeit. Er ist
Ein Mann, der, wär' ich selbst nicht auf der Welt,
Da stünde, wo ich steh. Wie treu er denkt,
Wie eifrig er mir dient, beweist sein Kommen.
Ihm geb ich jetzt den Auftrag! Daß sie nichts
Aus ihm herauslockt, weiß ich, wenn sie ihn
Auf Menschenart versucht! – Verrät er mich,
So zahlt sie einen Preis, der – Salome,
Dann hast du recht gehabt! – Es gilt die Probe! *(Ab.)*

VIERTER AKT

Burg Zion. Mariamnens Gemächer.

ERSTE SZENE

*Mariamne. Alexandra.*

Alexandra.
Du gibst mir Rätsel auf. Zuerst der Schwur:
Ich töte mich, wenn er nicht wiederkehrt!
Dann bittre Kälte, als er kam, ein Trotz,
Der ihn empören mußte, wie er mich
Erfreute! Nun die tiefste Trauer wieder!
Den möcht ich sehn, der dich begreifen kann.
Mariamne.
Wenn das so schwer ist, warum plagst du dich?
Alexandra. Und dann die widerwillig-herbe Art,
Mit der du den Soemus ferne hältst!
Man sieht's ihm an, er hat was auf dem Herzen –
Mariamne. Meinst du?

**Alexandra.**   Gewiß! Auch möcht' er's uns vertraun,
   Allein er wagt es nicht, er würde sich,
   Wenn er dich in den Jordan stürzen sähe,
   Vielleicht bedenken, ob er dich vom Tod
   Auch retten dürfe, und er hätte recht,
   Denn maßlos schnöde bist du gegen ihn!
**Mariamne.**
   Nicht wahr, Herodes wird nicht sagen können,
   Ich hätte seinen Freund versucht, ich hätte
   Ihm sein Geheimnis, wenn er eines hat,
   Mit Schmeicheln abgelistet. Nein, ich stell's
   Dem Himmel heim, ob ich's erfahren soll!
   Mir sagt's mein Herz, ich wage nichts dabei!

### ZWEITE SZENE

**Sameas** *(tritt ein; er trägt Ketten an den Händen).*
   Der Herr ist groß!
**Mariamne.**       Er ist's!
**Alexandra.**            Du frei und doch
   In Ketten? Noch ein Rätsel!
**Sameas.**                Diese Ketten
   Leg ich nicht wieder ab! Jerusalem
   Soll Tag für Tag daran erinnert werden,
   Daß Jonas' Enkel im Gefängnis saß!
**Alexandra.**
   Wie kamst du denn heraus? Hast du die Hüter
   Bestochen?
**Sameas.**   Ich? Die Hüter?
**Alexandra.**                Zwar, womit!
   Dein härenes Gewand hast du noch an,
   Und daß sie für ein Nest voll wilder Bienen,
   Wie du's, mit jedem hohlen Baum vertraut,
   An sie verraten konntest, dich entließen,
   Bezweifle ich, denn Honig gibt's genug!
**Sameas.** Wie fragst du nur? Soemus selbst hat mir
   Die Pforten aufgemacht!
**Mariamne.**            Er hätt's gewagt?
**Sameas.** Was denn? Hast du es ihm denn nicht geboten?

Mariamne. Ich?
Sameas.           Nein? Mir deucht doch, daß er so gesagt!
Ich kann mich irren, denn ich sagte just
Rückwärts den letzten Psalm her, als er eintrat,
Und hörte nur mit halbem Ohr auf ihn!
Nun wohl! So hat's der Herr getan, und ich
Muß in den Tempel gehen, um zu danken,
Und habe nichts in Davids Burg zu tun!
Mariamne. Der Herr!
Sameas.          Der Herr! Saß ich mit Recht im Kerker?
Mariamne. Die Zeiten sind vorbei, worin der Herr
Unmittelbar zu seinem Volke sprach.
Wir haben das Gesetz. Das spricht für ihn!
Die Dampf- und Feuersäule ist erloschen,
Durch die er unsern Vätern in der Wüste
Die Pfade zeichnete, und die Propheten
Sind stumm, wie er!
Alexandra.         Das sind sie doch nicht ganz!
Es hat erst kürzlich einer einen Brand
Vorhergesagt, und dieser traf auch ein!
Mariamne. Jawohl, doch hatt' er selbst um Mitternacht
Das Feuer angelegt.
Sameas.           Weib! Lästre nicht!
Mariamne. Ich lästre nicht, ich sag nur, was geschehn!
Der Mensch ist Pharisäer, wie du selbst,
Er spricht, wie du, er rast, wie du, der Brand
Hat uns beweisen sollen, daß er wirklich
Prophet sei und das Künftige durchschaue,
Doch ein Soldat ertappt' ihn auf der Tat.
Sameas. Ein röm'scher?
Mariamne.           Ja!
Sameas.               Der log! Er war vielleicht
Gedungen! War gedungen vom Herodes,
Gedungen von dir selbst!
Mariamne.           Vergiß dich nicht!
Sameas.
Du bist sein Weib, du bist das Weib des Frevlers,
Der sich für den Messias hält, du kannst
Ihn in die Arme schließen und ihn küssen,
Drum kannst du auch was andres für ihn tun!

**Alexandra.** Er hielte jetzt für den Messias sich?
**Sameas.** Er tut's, er sagt' es mir ins Angesicht,
Als er mich in den Kerker führen ließ.
Ich schrie zum Herrn, ich rief: Sieh auf dein Volk
Und schicke den Messias, den du uns
Verheißen für die Zeit der höchsten Not,
Die höchste Not brach ein! Darauf versetzt' er
Mit stolzem Hohn: Der ist schon lange da,
Ihr aber wißt es nicht! Ich bin es selbst!
**Alexandra.**
Nun, Mariamne?
**Sameas.** Mit verruchtem Witz
Bewies er dann, wir sei'n ein Volk von Irren
Und er der einzige Verständige,
Wir wohnten nicht umsonst am Toten Meer,
Dem die Bewegung fehle, Ebb' und Flut,
Und das nur darum alle Welt verpeste,
Es sei ein treuer Spiegel unsrer selbst!
Er aber wolle uns lebendig machen,
Und müss' er uns auch Mosis dummes Buch –
So ruchlos sprach er – mit Gewalt entreißen;
Denn das allein sei schuld, wenn wir dem Jordan
Nicht glichen, unserm klaren Fluß, der lustig
Das Land durchhüpfe, sondern einem Sumpf!
**Alexandra.** So ganz warf er die Larve weg?
**Sameas.** Jawohl!
Doch galt ich ihm, als er es tat, vielleicht
Für einen Toten schon; denn meinen Tod
Befahl er gleich nachher.
**Mariamne.** Er war gereizt!
Er fand den Aufruhr vor!
**Sameas.** Dich mahn ich nun
An deine Pflicht! Sag du dich los von ihm,
Wie er sich losgesagt von Gott! Du kannst
Ihn dadurch strafen, denn er liebt dich sehr!
Als mich Soemus freiließ, mußt' ich glauben,
Du hättst es schon getan. Tust du es nicht,
So schilt den Blitz, der aus den Wolken fährt,
Nicht ungerecht, wenn er dich trifft, wie ihn!
Ich geh jetzt, um zu opfern!

Alexandra. Nimm das Opfer
  Aus meinem Stall!
Sameas. Ich nehm's, wo man's entbehrt!
  Das Lamm der Witwe und das Schaf des Armen!
  Was soll dein Rind dem Herrn! *(Ab.)*

### DRITTE SZENE

Soemus *(kommt).* Verzeiht!
Mariamne. Ich wollte
  Dich eben rufen lassen! Tritt heran!
Soemus. Das wär' zum ersten Mal geschehn!
Mariamne. Jawohl!
Soemus. Du wichst mir aus bisher!
Mariamne. Hast du mich denn
  Gesucht, und hast du was an mich zu suchen?
  Ich mag's nicht denken!
Soemus. Wenigstens das eine:
  Sieh mich als deinen treusten Diener an!
Mariamne. Das tat ich, doch ich tu's nicht mehr!
Soemus. Nicht mehr?
Mariamne. Wie kannst du dem Empörer, den Herodes
  Gefangensetzen ließ, den Kerker öffnen?
  Ist er noch König, oder ist er's nicht?
Soemus. Die Antwort ist so leicht nicht, wie du glaubst!
Mariamne.
  Fällt sie dir schwer, so wirst du's büßen müssen!
Soemus.
  Du weißt noch nichts von der verlornen Schlacht!
Mariamne. Die Schlacht bei Aktium, sie wär' verloren?
Soemus. Antonius fiel von seiner eignen Hand!
  Cleopatra desgleichen!
Alexandra. Hätte die
  Den Mut gehabt? Sie konnte sonst ein Schwert
  Nicht einmal sehn und schauderte vor seinem
  Zurück, da er es ihr als Spiegel vorhielt!
Soemus. Dem Hauptmann Titus ward es so gemeldet!
  Octavianus flucht, daß man es nicht
  Verhindert hat! Ich selber las den Brief!

Mariamne. Dann hat der Tod auf lange Zeit sein Teil,
 Und jedes Haupt steht fester, als es stand,
 Eh' das geschah!
Soemus. Meinst du?
Mariamne. Du lächelst seltsam!
Soemus. Du kennst, wie's scheint, Octavianus nicht!
 Der wird den Tod nicht fragen, ob ihn ekle,
 Er wird ihm aus den Freunden des Antonius
 Noch eine Mahlzeit richten, und auch die
 Wird nicht ganz arm an leckern Bissen sein!
Mariamne. Gilt das Herodes?
Soemus. Nun, wenn er das hält,
 Was er sich vornahm –
Mariamne. Was war das?
Soemus. Er sprach:
 Ich liebe den Antonius nicht mehr,
 Ich hasse ihn weit eher, doch ich werde
 Ihm beistehn bis zum letzten Augenblick,
 Obgleich ich fürchte, daß er fallen muß.
 Ich bin's mir selber schuldig, wenn nicht ihm!
Mariamne. Echt königlich!
Soemus. Gewiß! Echt königlich!
 Nur ist Octav der Mann nicht, der's bewundert,
 Und tut Herodes das –
Mariamne. Wer wagt, zu zweifeln?
Soemus. So ist er auch verloren, oder arg
 Hat man Octavian beleidigt, als man
 Die große Schlächterei nach Cäsars Tod
 Auf seine Rechnung setzte!
Mariamne. Daß du fest
 An diesen Ausgang glaubst, daß du Herodes
 Schon zu den Toten zählst, ist klar genug,
 Sonst hättst du nicht gewagt, was du gewagt.
 Auch schaudert's mir, ich will es dir gestehn,
 Vor deiner Zuversicht, du bist kein Tor,
 Und wagst gewiß nicht ohne Grund so viel.
 Doch, wie's auch stehen möge, immer bin
 Ich selbst noch da, und ich, ich will dir zeigen,
 Daß ich ihm auch im Tode noch Gehorsam
 Zu schaffen weiß, es soll nicht ein Befehl,

Den er gegeben, unvollzogen bleiben,
Das soll sein Totenopfer sein!
Soemus. Nicht einer?
Ich zweifle, Königin! – *(Für sich.)* Jetzt falle, Schlag!
Mariamne. So wahr ich Makkabäerin, du schickst
Den Sameas zurück in seinen Kerker!
Soemus.
Wie du es willst, so wird's geschehn, und wenn
Du mehr willst, wenn er sterben soll, wie's ihm
Der König drohte, sprich, und er ist tot!
Doch nun gestatte eine Frage mir:
Soll ich auch dich, damit das Totenopfer,
Das du zu bringen denkst, vollkommen sei,
Soll ich auch dich mit meinem Schwert durchstoßen?
Ich hab auch dazu den Befehl von ihm!
Mariamne. Weh!
Alexandra. Nimmermehr!
Mariamne. So ist das Ende da!
Und welch ein Ende! Eins, das auch den Anfang
Verschlingt und alles! Die Vergangenheit
Löst, wie die Zukunft, sich in nichts mir auf!
Ich hatte nichts, ich habe nichts, ich werde
Nichts haben! War denn je ein Mensch so arm!
Alexandra. Welch eine Missetat du vom Herodes
Mir auch berichten möchtest, jede glaub' ich,
Doch diese –
Mariamne. Zweifle nicht! Es ist gewiß!
Alexandra. So sprichst du selbst?
Mariamne. O Gott, ich weiß, warum!
Alexandra. Dann wirst du wissen, was du tun mußt!
Mariamne. Ja!
*(Sie zuckt den Dolch gegen sich.)*
Alexandra *(sie verhindernd)*.
Wahnsinnige, verdient er das? Verdient er's,
Daß du den Henker an dir selber machst?
Mariamne.
Das war verkehrt! Ich danke dir! Dies Amt
Ersah er für sich selbst!
*(Sie schleudert den Dolch weg.)*
Versucher, fort!

**Alexandra.**
Du wirst dich in der Römer Schutz begeben!
**Mariamne.** Ich werde keinen, dem an sich was liegt,
Verhindern, das zu tun! – Ich selbst, ich gebe
Zur Nacht ein Fest!
**Alexandra.** Ein Fest?
**Mariamne.** Und tanze dort! –
Ja, ja, das ist der Weg!
**Alexandra.** Zu welchem Ziel?
**Mariamne.** He, Diener!
*(Diener kommen.)*
Schließt die Prunkgemächer auf
Und ladet alles ein, was jubeln mag!
Steckt alle Kerzen an, die brennen wollen,
Pflückt alle Blumen ab, die noch nicht welkten,
Es ist nicht nötig, daß was übrigbleibt!
*(Zu Moses.)*
Du hast uns einst die Hochzeit ausgerichtet,
Heut gilt's ein Fest, das die noch übertrifft,
Drum spare nichts!
*(Sie tritt vor.)* Herodes, zittre jetzt!
Und wenn du niemals noch gezittert hast!
**Soemus** *(tritt zu ihr heran).*
Ich fühle deinen Schmerz, wie du!
**Mariamne.** Dein Mitleid
Erlaß ich dir! Du bist kein Henkersknecht,
Ich darf nicht zweifeln, denn du hast's gezeigt;
Doch dafür ein Verräter, und Verrätern
Kann ich nicht danken, noch sie um mich dulden,
Wie nützlich sie auch sind auf dieser Welt.
Denn das verkenn ich nicht! Wärst du der Mann
Gewesen, der du schienst, so hätte Gott
Ein Wunder tun, so hätte er der Luft
Die Zunge, die ihr mangelt, leihen müssen,
Das sah er gleich voraus, als er dich schuf,
Drum macht' er zu der Heuchler erstem dich!
**Soemus.** Der bin ich nicht! Ich war Herodes' Freund,
Ich war sein Waffenbruder und Gefährte,
Eh' er den Thron bestieg, ich war sein Diener,
Sein treuster Diener, seit er König ist.

    Doch war ich's nur, solange er in mir
Den Mann zu ehren wußte und den Menschen,
Wie ich in ihm den Helden und den Herrn.
Das tat er, bis er, heuchlerisch die Augen
Zum ersten Mal unwürdig niederschlagend,
Den Blutbefehl mir gab, durch den er mich
Herzlos, wie dich, dem sichern Tode weihte,
Durch den er mich der Rache deines Volks,
Dem Zorn der Römer und der eignen Tücke
Preisgab, wie dich der Spitze meines Schwerts.
Da hatt' ich den Beweis, was ich ihm galt!
Mariamne. Und drücktest du ihm deinen Abscheu aus?
Soemus. Das tat ich nicht, weil ich dich schützen wollte!
Ich übernahm's zum Schein, ich heuchelte,
Wenn dir's gefällt, damit er keinem andern
Den Auftrag gäbe und mich niederstäche;
Ein Galiläer hätt' die Tat vollbracht!
Mariamne. Ich bitt dir ab. Du stehst zu ihm, wie ich,
Du bist, wie ich, in deinem Heiligsten
Gekränkt, wie ich, zum Ding herabgesetzt!
Er ist ein Freund, wie er ein Gatte ist.
Komm auf mein Fest! *(Ab.)*
Alexandra. So wartetest du auch auf deine Zeit,
    Wie ich!
Soemus.     Auf meine Zeit? Wie meinst du das?
Alexandra. Ich sah es immer mit Verwunderung an,
Wie du vor diesem König, der der Laune
Des Römers seine Hoheit dankt, dem Rausch
Des Schwelgers, nicht dem Stamm und der Geburt,
Den Rücken bogst, als hättest du's, wie er,
Vergessen, daß du seinesgleichen bist;
Doch jetzt durchschau ich dich, du wolltest ihn
Nur sicher machen!
Soemus.     Darin irrst du dich!
Ich sprach in allem wahr. Für seinesgleichen
Halt ich mich nicht und werd' es niemals tun!
Ich weiß, wie manchen Wicht es gibt, der ihm
Bloß darum, weil er nicht sein Enkel ist,
Mit Murren dient; ich weiß, daß andre ihm
Die Treu' nur Mariamnens wegen halten:

Doch ich gehöre nicht zu dieser Schar,
Die lieber einem Kinderschwert gehorcht,
Wenn's nur ererbt ward, als dem Heldenschwert,
Das aus dem Feuer erst geschmiedet wird.
Ich sah den Höhern immer schon in ihm
Und hob dem Waffenbruder seinen Schild,
Wenn er ihn fallen ließ, so willig auf,
Wie je dem König seinen Herrscherstab!
Die Krone, wie das erste Weib: ich gönnte
Ihm beides, denn ich fühlte seinen Wert!
Alexandra. Du bist doch auch ein Mann!
Soemus. Daß ich das nicht
Vergessen habe, das beweis ich jetzt!
So groß ist keiner, daß er mich als Werkzeug
Gebrauchen darf! Wer Dienste von mir fodert,
Die mich, vollbracht und nicht vollbracht, wie's kommt,
Schmachvoll dem sichern Untergange weihn,
Der spricht mich los von jeder Pflicht, dem muß
Ich zeigen, daß es zwischen Königen
Und Sklaven eine Mittelstufe gibt,
Und daß der Mann auf dieser steht!
Alexandra. Mir gilt
Es gleich, aus welchem Grund: genug, du tratst
Zu mir herüber!
Soemus. Fürchte keinen Kampf mehr,
Er ist so gut, als tot! Octavian
Ist kein Antonius, der sich das Fleisch
Vom Leibe hacken läßt und es verzeiht,
Weil er die Hand bewundert, die das tut!
Er sieht nur auf die Streiche.
Alexandra. Was sagt Titus?
Soemus. Der denkt, wie ich! Ich ließ den Sameas
Nur darum frei, weil ich zur Rechenschaft
Gezogen werden wollte. Konnt' ich doch
Nicht anders an die Königin gelangen!
Jetzt weiß sie, was sie wissen muß, und ist
Der Todesbotschaft, wenn sie kommt, gewachsen.
Das war mein Zweck! Welch edles Weib! Die
                                   schlachten!
Es wär' um ihre Tränen schad gewesen!

Alexandra. Gewiß, ein zärtlicher Gemahl! – Such sie
  Nur zu bereden, daß sie sich dem Schutz
  Der Römer übergibt und komm aufs Fest,
  Durch das sie mit Herodes bricht, er mag
  Nun tot sein oder leben! *(Ab.)*
Soemus *(ihr folgend).*   Er ist tot!


### VIERTE SZENE

*Diener treten auf und ordnen das Fest an.*

Moses. Nun, Artaxerxes? Wieder in Gedanken?
  Flink! Flink! Du stellst bei uns die Uhr nicht vor!
Artaxerxes. Hättst du das jahrelang getan, wie ich,
  So würd' es dir auch ganz so gehn, wie mir!
  Besonders, wenn du alle Nächte träumtest,
  Du hättst das alte Amt noch zu versehn!
  Ich greif ganz unwillkürlich mit der Rechten
  Mir an den Puls der Linken, zähl und zähle
  Und zähle oft bis sechzig, eh' ich mich
  Besinne, daß ich keine Uhr mehr bin!
Moses. Merk dir es endlich denn, daß du bei uns
  Die Zeit nicht messen sollst! Wir haben dazu
  Den Sonnenweiser und den Sand! Du selbst
  Sollst, wie wir andern, in der Zeit was tun!
  Faulenzerei, nichts weiter!
Artaxerxes.           Laß dir schwören!
Moses.
  Schweig! Schweig! Beim Essen zähltest du noch nie!
  Im übrigen: man schwört auch nicht bei uns,
  Und *(für sich)* wär' der König nicht ein halber Heide,
  So hätten wir auch den fremden Diener nicht!
  Da kommen schon die Musikanten! Flink!
  *(Geht zu den übrigen.)*
Jehu. Du, ist das wirklich wahr, was man von dir
  Erzählt?
Artaxerxes.
        Wie sollt' es denn nicht wahr sein?
  Soll ich's vielleicht noch hundertmal beteuern?
  Am Hofe des Satrapen war ich Uhr

Und hatt' es gut, viel besser, wie bei euch!
Nachts ward ich abgelöst, dann war's mein Bruder,
Und auch bei Tage, wenn's zum Essen ging.
Ich dank es wahrlich eurem König nicht,
Daß er mich mit den andern Kriegsgefangnen
Hiehergeschleppt! Zwar ward mein Dienst zuletzt
Ein wenig schwer! Ich mußte mit ins Feld,
Und wenn man links und rechts die Pfeile fliegen,
Die Menschen fallen sieht, verzählt man sich
Natürlich leichter als in einem Saal,
Wo sie zusammenkommen, um zu tanzen.
Ich schloß die Augen, denn ich bin kein Held,
Wie es mein Vater war. Den traf ein Pfeil
Auf seinem Posten – er war Uhr, wie wir,
Ich und mein Bruder, wie waren Uhren –
Er rief die Zahl noch ab und starb! Was sagst du?
Das war ein Mann! Dazu gehörte mehr,
Als nötig war, den Pfeil ihm zuzuschicken!
Jehu. Habt ihr denn keinen Sand bei euch zu Hause,
Daß ihr das tun müßt?
Artaxerxes. Wir? Wir keinen Sand?
Genug, um ganz Judäa zu bedecken!
Es ist ja nur, weil der Satrap bei uns
Es besser haben soll, wie's andre haben!
Der Puls des Menschen geht doch wohl genauer,
Wenn er gesund ist und kein Fieber hat,
Wie euer Sand durch seine Röhre läuft?
Und nützen euch die Sonnenweiser was,
Wenn es der Sonne nicht gefällt zu scheinen?
*(Zählt.)* Eins – Zwei –
Moses *(kommt zurück).*
Fort! Fort! Die Gäste kommen schon!
Artaxerxes. Das ist das Fest? Da sah ich andre Feste!
Wo keine Frucht gegessen ward, die nicht
Aus einem fremden Weltteil kam! Wo Strafe,
Oft Todesstrafe, darauf stand, wenn einer
Nur einen Tropfen Wasser trank. Wo Menschen,
Die man mit Hanf umwickelt und mit Pech
Beträufelt hatte, in den Gärten nachts
Als Fackeln brannten –

Moses.                     Höre auf! Was hatten
  Die Menschen dem Satrapen denn getan?
Artaxerxes.
  Getan? Gar nichts! Bei uns ist ein Begräbnis
  Viel prächtiger, wie eine Hochzeit hier!
Moses. Vermutlich freßt ihr eure Toten auf!
  Es paßte gut zum übrigen!
Artaxerxes.                     Dann ist's
  Auch wohl nicht wahr, daß eure Königin
  Im Wein einst eine Perle aufgelöst,
  Kostbarer, als das ganze Königreich,
  Und daß sie diesen Wein an einen Bettler
  Gegeben hat, der ihn, wie andern, soff?
Moses. Das ist es nicht! Gott Lob!
Artaxerxes *(zu Jehu).*          Du sagtest's aber!
Jehu. Weil es mir eine Ehre für sie schien,
  Und weil man's von der Ägypterin erzählt!
Moses. Hinweg!
Artaxerxes *(deutet auf die Rosen, die Jehu trägt).*
                   Wirkliche Rosen! Die sind billig,
  Bei uns sind's silberne und goldene!
  Die soll man dahin schicken, wo die Blumen
  So kostbar sind, wie Gold und Silber hier!
*(Diener zerstreuen sich. Die Gäste, unter ihnen Soemus,
haben sich während der letzten Hälfte dieser Szene ver-
sammelt. Musik. Tanz. Silo und Judas sondern sich von
den übrigen und erscheinen im Vordergrund.)*
Silo. Was soll das heißen?
Judas.                     Was das heißen soll?
  Der König kehrt zurück! Und das noch heut!
Silo. Meinst du?
Judas.          Wie kannst du fragen! Gibt's denn wohl
  Noch einen andern Grund für solch ein Fest?
  Üb dich auf einen neuen Bückling ein!
Silo. Es hieß ja aber –
Judas.                 Lug und Trug, wie immer,
  Wenn's hieß, ihm sei was Schlimmes widerfahren,
  Und ganz natürlich, da's so viele gibt,
  Die ihm das Schlimme wünschen! Wird getanzt
  In einem Haus, wo man um Tote klagt?

Silo. Da wird denn bald viel Blut vergossen werden,
Die Kerker stecken seit dem Aufruhr voll!
Judas. Das weiß ich besser, als du's wissen kannst,
Ich habe manchen selbst hineingeschleppt.
Denn dieser Aufruhr war so unvernünftig,
Daß jeder, der nicht eben darauf sann,
Sich selbst zu hängen, ihn bekämpfen mußte.
Du weißt, ich liebe den Herodes nicht,
Wie tief ich mich auch immer vor ihm bücke,
Doch darin hat er recht: die Römer sind
Zu mächtig gegen uns, wir sind nicht mehr,
Als ein Insekt ist in des Löwen Rachen,
Das soll nicht stechen, denn es wird verschluckt!
Silo. Mir tut's nur leid um meines Gärtners Sohn,
Der einen Stein nach einem röm'schen Adler
Geworfen und ihn auch getroffen hat!
Judas. Wie alt ist der?
Silo.               Wie lange ist es doch,
Daß ich den Fuß brach? – Da ward er geboren,
Denn seine Mutter konnte mich nicht pflegen,
Ja, richtig – zwanzig!
Judas.               Da geschieht ihm nichts!
    *(Mariamne und Alexandra erscheinen.)*
Die Königin! *(Will gehen.)*
Silo.           Wie meinst du das? Ein Wort noch!
Judas. Wohl! Im Vertrau'n denn! Weil er zwanzig ist,
Geschieht ihm nichts! Doch wenn er neunzehn wär'
Und einundzwanzig, ginge es ihm schlecht!
Im künft'gen Jahr steht's anders!
Silo.               Spaße nicht!
Judas. Ich sage dir, so ist's! Und willst du wissen
Warum? Der König selbst hat einen Sohn
Von zwanzig Jahren, doch er kennt ihn nicht!
Die Mutter hat ihm, als er sie verließ,
Das Kind entführt und feierlich geschworen,
Es zu verderben –
Silo.          Greuelhaftes Weib!
Heidin?
Judas.    Vermutlich! Zwar, ich weiß es nicht! –
So zu verderben, daß er's töten müsse,

Verstehst du mich? Ich halt's für Raserei,
Die sich gelegt hat nach der ersten Wut,
Doch ihn macht's ängstlich, und kein Todesurteil
Ward je an einem Menschen noch vollzogen,
Der in dem Alter seines Sohnes stand.
Tröst deinen Gärtner! Doch behalt's für dich!
*(Verlieren sich wieder unter die übrigen.)*

#### FÜNFTE SZENE

*Alexandra und Mariamne erscheinen im Vordergrund.*

Alexandra.
 So willst du dich nicht zu den Römern flüchten?
Mariamne. Wozu nur?
Alexandra. Um das Leben dir zu sichern!
Mariamne.
 Das Leben! Freilich! Das muß man sich sichern!
 Der Schmerz hat keinen Stachel ohne das!
Alexandra. So gib der Stunde wenigstens ihr Recht!
 Du gibst ein Fest, so zeig auch deinen Gästen
 Ein festliches Gesicht, wie sich's gebührt!
Mariamne.
 Ich bin kein Instrument und keine Kerze,
 Ich soll nicht klingen, und ich soll nicht leuchten,
 Drum nehmt mich, wie ich bin! Nein! Tut es nicht!
 Treibt mich, das Beil für meinen Hals zu wetzen,
 Was red ich, treibt mich, daß ich mit euch juble –
 Soemus, auf!
 *(Zu Salome, die eben eintritt und ihr entgegenschreitet.)*
   Du, Salome? Willkommen
 Vor allem mir, trotz deiner Trauerkleider!
 Das hätt' ich kaum gehofft!

#### SECHSTE SZENE

Salome. Ich muß ja wohl,
 Wenn ich erfahren will, wie's steht! Ich werde
 Zu einem Fest geladen, doch man sagt

Mir nicht, warum das Fest gegeben wird!
Zwar kann ich's ahnen, doch ich muß es wissen!
Nicht wahr: Herodes kehrt zurück? Wir werden
Ihn heut noch sehn? Die Kerzen sagen ja,
Die lustige Musik! Tu du es auch!
Ich frag nicht meinetwegen! Doch du weißt –
Nein, nein, du weißt es nicht, du hast's vergessen,
Du hast vielleicht geträumt, sie sei begraben,
Sonst hättst du ihr die Kunde nicht verhehlt,
Allein dein Traum hat dich getäuscht, sie sitzt
Noch immer in der Ecke, wo sie saß,
Als sie dich segnete –
Mariamne.             Was redest du?
Salome. Genug! Herodes hat noch eine Mutter,
Die bangt um ihren Sohn und härmt sich ab.
Und ich, ich bitt dich: laß sie das Verbrechen,
Daß sie auch mich gebar, nicht länger büßen,
Gib ihr den Trost, nach dem ihr Herz verlangt!
Mariamne. Ich hab für seine Mutter keinen Trost!
Salome. Du hast Herodes heut nicht zu erwarten?
Mariamne. Nichts weniger! Ich hörte, er sei tot!
Salome. Und feierst dieses Fest?
Mariamne.                  Weil *ich* noch lebe!
Soll man sich denn nicht freun, daß man noch lebt?
Salome. Ich glaub dir nicht!
Mariamne.            Viel Dank für deinen Zweifel!
Salome. Die Kerzen –
Mariamne.          Sind sie nicht zum Leuchten da?
Salome. Die Zimbeln –
Mariamne.           Müssen klingen, weißt du's anders?
Salome *(deutet auf Mariamnens reiche Kleidung).*
Die Edelsteine –
Mariamne.    Stünden dir zwar besser –
Salome. Das alles deutet –
Mariamne.               Auf ein Freudenfest!
Salome. Das über einem Grabe –
Mariamne.                  Es ist möglich!
Salome. Dann – Mariamne, hör ein ernstes Wort!
Ich hab dich stets gehaßt, doch immer blieb mir
Ein Zweifel, ob es auch mit Recht geschah,

Und reuig hab ich oft mich dir genähert,
Um –
**Mariamne.**
      Mich zu küssen! Einmal tatst du's gar!
**Salome.** Jetzt aber seh ich, du bist –
**Mariamne.**                 Schlecht genug,
Dich stehnzulassen und mich in die Schar
Zu mischen, welche dort den Tanz beginnt!
Soemus!
**Soemus** *(reicht ihr den Arm).*
      Königin!
**Mariamne.**    So hat Herodes
Mich ganz gewiß gesehen, als er dir
Den blutigen Befehl gab. Wunderbar!
Es ist nun wirklich alles so gekommen!
*(Im Abgehen zu Salome.)*
Du siehst doch zu?
*(Von Soemus in den Hintergrund geführt, wo sie beide
        nicht mehr gesehen werden.)*
**Salome.**       Dies Weib ist noch viel schlechter,
Als ich's mir dachte! Das will etwas sagen!
Drum hat sie auch die bunte Schlangenhaut,
Mit der sie alles ködert! – Ja, sie tanzt!
Nun, wahrlich, jetzt ist mein Gewissen ruhig,
Der kann kein Mensch auf Erden unrecht tun!
*(Sie sieht Mariamnen zu.)*


SIEBENTE SZENE

*Alexandra kommt mit Titus.*

**Alexandra.** Titus, du siehst, wie meine Tochter trauert!
**Titus.** Sie hat wohl neue Botschaft von Herodes?
**Alexandra.** Die Botschaft, daß es mit ihm aus ist! Ja!
**Titus** *(sieht nach Mariamnen).*
Sie tanzt!
**Alexandra.**
      Als wäre sie, statt Witwe, Braut!
Titus, sie trug bis heute eine Maske,
Und, merk dir das, sie tat es nicht allein!

Titus. Sehr gut für sie! Dann bleibt sie, was sie ist!
  Gehört sie zu den Feinden des Herodes,
  So wird sie nicht mit seinen Freunden büßen!
Alexandra. Um das zu zeigen, gibt sie ja dies Fest!
  *(Entfernt sich von Titus.)*
Titus. Es schaudert mir vor diesen Weibern doch!
  Die eine haut dem Helden, den sie erst
  Durch heuchlerische Küsse sicher machte,
  Im Schlaf den Kopf ab, und die andre tanzt,
  Um sich nur ja die Krone zu erhalten,
  Wie rasend, auf dem Grabe des Gemahls!
  Um das zu sehn, ward ich gewiß geladen –
  *(Er sieht wieder nach Mariamnen.)*
  Ja, ja, ich seh's und will's in Rom bezeugen –
  Doch trinke ich hier keinen Tropfen Wein!
Salome. Was sagst du, Titus? Steht es mit dem König
  So schlecht, daß die schon alles wagen darf?
Titus. Wenn er nicht gleich sich zum Octavian
  Geschlagen und dem Marc Anton vorm Fall
  Den letzten Stoß noch mitgegeben hat,
  Und das bezweifle ich, so steht's nicht gut!
Salome. O hätt' er's doch getan! – Wenn die den Kopf
  Behält, so weiß ich nicht, warum der Herr
  Das Blut der üpp'gen Jesabel den Hunden
  Zu lecken gab!
  *(Verliert sich unter die übrigen.)*
Titus.          Sie tanzt noch fort! Doch scheint's
  Ihr nicht ganz leicht zu sein! Sie müßt' erglühen,
  Doch sie erbleicht, als ob sie in Gedanken
  Was andres täte und nur unwillkürlich
  Dem Reigen folgte! Nun, auch diese Judith
  Hat wohl nicht ohne Angst ihr Werk vollbracht!
  Und die da muß den letzten Kuß des Mannes,
  Den sie hier jetzt vor mir so feierlich
  Verleugnet, noch auf ihrer Lippe fühlen,
  Auch sah sie ihn ja noch nicht tot! – Sie kommt!
*(Mariamne erscheint wieder. Alexandra und Soemus
            folgen ihr.)*
Alexandra *(zu Mariamne)*.
  Ich sprach mit Titus!

Mariamne *(erblickt bei einer plötzlichen Wendung ihr
  Bild im Spiegel).*     Ha!
Alexandra.              Was hast du denn?
Mariamne.
  So hab ich mich ja schon im Traum gesehn! –
  Das also war's, was mich vorhin nicht ruhn ließ,
  Bis der verlorene Rubin sich fand,
  Der jetzt auf meiner Brust so düster glimmt:
  Das Bild hätt' eine Lücke ohne ihn! –
  Auf dieses folgt das letzte bald!
Alexandra.                    Komm zu dir!
Mariamne.
  So laß mich doch! – Ein Spiegel, ganz, wie der!
  Zu Anfang angelaufen, wie vom Hauch
  Des Atmenden, dann, wie die Bilder, die
  Er nacheinander zeigte, sanft sich klärend
  Und endlich leuchtend, wie geschliffner Stahl.
  Ich sah mein ganzes Leben! Erst erschien ich
  Als Kind, von zartem Rosenlicht umflossen,
  Das immer röter, immer dunkler ward:
  Da waren mir die eignen Züge fremd,
  Und bei der dritten Wandlung erst erkannt' ich
  Mich in dem gar zu jungen Angesicht.
  Nun kam die Jungfrau und der Augenblick,
  Wo mich Herodes in den Blumengarten
  Begleitete und schmeichelnd zu mir sprach:
  So schön ist keine, daß sie deine Hand
  Nicht pflücken dürfte! – Ha, er sei verflucht,
  Daß er's so ganz vergaß! So ganz! Dann ward's
  Unheimlich, und ich mußte wider Willen
  Die Zukunft schaun. Ich sah mich so und so,
  Und endlich, wie ich hier steh!
  *(Zu Alexandra.)*          Ist es denn
  Nicht seltsam, wenn ein Traum ins Leben tritt? –
  Nun trübte sich der helle Spiegel wieder,
  Das Licht ward aschenfarbig, und ich selbst,
  Die kurz zuvor noch Blühende, so bleich,
  Als hätt' ich unter diesem Prachtgewand
  Schon längst aus allen Adern still geblutet.
  Ein Schauder packte mich, ich rief: Jetzt komme

Ich als Geripp, und das will ich nicht sehn!
Da wandt' ich mich –
*(Sie wendet sich vom Spiegel ab.)*
Stimmen im Hintergrund.
            Der König!
        *(Allgemeine Bewegung.)*
Alexandra.            Wer?


ACHTE SZENE

*Herodes tritt ein, kriegerisch angetan. Joab. Gefolge.*

Mariamne.
  Der Tod! Der Tod! Der Tod ist unter uns!
  Unangemeldet, wie er immer kommt!
Salome.
  Der Tod für dich! Jawohl! So fühlst du's selbst?
  Mein Bruder!
    *(Will Herodes umarmen, er drängt sie zurück.)*
Herodes.    Mariamne! *(Er nähert sich ihr.)*
Mariamne *(weist ihn mit einer heftigen Gebärde zurück).*            Zieh das Schwert!
  Reich mir den Giftpokal! Du bist der Tod!
  Der Tod umarmt und küßt mit Schwert und Gift!
Herodes *(kehrt sich nach Salome um).*
  Was soll das heißen? Tausend Kerzen riefen
  Mir aus der Ferne durch die Nacht schon zu:
  Dein Bote ward nicht von den Arabern
  Ergriffen, er kam an, du wirst erwartet,
  Und jetzt –
Salome.    Die Kerzen haben dich betrogen,
  Hier ward gejubelt über deinen Tod!
  Dein Bote kam nicht an, und deine Mutter
  Zerriß schon ihr Gewand um dich!
*(Herodes sieht um sich, bemerkt Titus und winkt ihm.)*
Titus *(tritt heran).*            So ist's!
  Hier war kein Mensch darauf gefaßt, ich selbst
  Nicht einmal ganz, daß du noch vor der Schlacht
  Bei Aktium den Antonius verlassen
  Und, wie's die Klugheit freilich riet, zum Cäsar

Hinübergehen würdest! Daß du's tatest,
Beweist mir deine Wiederkunft. Nun wohl!
Ich – wünsch dir Glück!
Mariamne *(tritt herzu).* Und ich beklage dich,
Daß die Gelegenheit sich dir nicht bot,
Den Marc Anton mit eigner Hand zu schlachten.
So hättst du deinem neuen Herrn am besten
Gezeigt, daß dir am alten nichts mehr lag;
Du hättst ihm deines Freundes Kopf gebracht,
Er hätt' ihn mit der Krone dir bezahlt!
Herodes. Pfui, Titus, pfui! Auch du denkst so von mir?
Ich zog hinunter nach Arabien,
Wie mir's Antonius geboten hatte,
Allein ich fand dort keinen Feind! Nun macht' ich
Mich auf nach Aktium, und meine Schuld
War's nicht, wenn ich zu spät kam. Hätt' er sich
Gehalten, wie ich glaubte, daß er's würde,
So hätt' ich *(gegen Mariamne)* die Gelegenheit gesucht,
Ihm mit dem Kopfe des Octavian
Die Krone zu bezahlen! *(Zu Titus.)* Er tat's nicht!
Er war schon tot, als ich erschien. Nun tat ihm
Der Freund nicht weiter not, und ich begab
Mich zum Octavian; zwar nicht als König –
Die Krone legt' ich ab – doch darum auch
Als Bettler nicht. Ich zog mein Schwert und sprach:
Dies wollt' ich brauchen gegen dich, ich hätt' es
Vielleicht mit deinem eignen Blut gefärbt,
Wenn's hier noch besser stünde. Das ist aus!
Jetzt senke ich's vor dir und leg es ab!
Erwäge du nun, welch ein Freund ich war,
Nicht, wessen Freund; der Tote gab mich frei:
Ich kann jetzt, wenn du willst, der deine sein!
Titus. Und er?
Herodes. Er sprach: Wo hast du deine Krone?
Ich setz noch einen Edelstein hinein,
Nimm die Provinz hin, die dir fehlt bis heute,
Du sollst es nur an meiner Großmut fühlen,
Daß ich der Sieger bin, nicht Marc Anton,
Er hätt' sie Cleopatren nie genommen,
Die sie bisher besaß, ich schenk sie dir!

Titus.
Das – hätt' ich nie gedacht. Auch preis ich nichts,
Als deinen Stern!
Herodes.         Titus! O preis ihn nicht!
Ich ward zu schwerem Werk gespart! Soemus!
*(Soemus bleibt stehen, wo er steht und antwortet nicht.)*
Verrietst du mich? Du schweigst! Ich weiß genug!
Oh! Oh! Hinweg mit ihm!
Soemus *(indem er abgeführt wird).*
                        Ich leugne nichts!
Doch, daß ich dich für tot hielt, magst du glauben!
Jetzt tu, was dir gefällt! *(Ab.)*
Herodes.            Und nach dem Tode
Hört alles auf, nicht wahr? Ja! Ja! Mein Titus,
Hättst du den Mann gekannt, wie ich – – du würdest
Nicht so gelassen, nicht so ruhig dastehn,
Wie ich hier steh, du würdest schäumen, knirschen
Und wütend sprechen:
*(Gegen Mariamne.)*    Weib, was tatst du alles,
Um den so weit zu bringen? – Salome,
Du hattest recht, ich muß waschen, waschen –
Blut her! Sogleich beruf ich ein Gericht!
*(Gegen Mariamne.)*
Du schweigst? Du hüllst dich noch in deinen Trotz?
Ich weiß warum! Du hast's noch nicht vergessen,
Was du mir warst! Auch jetzt noch riss' ich leichter
Das Herz mir aus der Brust – Titus, so ist's! –
Als *(wieder zu Mariamne)*
    dich mir aus dem Herzen! Doch ich tu's!
Mariamne *(wendet sich kurz).*
Ich bin Gefangne?
Herodes.        Ja!
Mariamne *(zu den Soldaten).*
                So führt mich ab!
*(Wendet sich. Auf Herodes' Wink folgt ihr Joab mit
                    Soldaten.)*
Der Tod kann mein Gemahl nicht länger sein! *(Ab.)*
Herodes. Ha! Ha! Zu der hab ich einmal gesprochen:
Zwei Menschen, die sich lieben, wie sie sollen,
Können einander gar nicht überleben,

Und wenn ich selbst auf fernem Schlachtfeld fiele:
Man brauchte dir's durch Boten nicht zu melden,
Du fühltest es sogleich, wie es geschehn,
Und stürbest ohne Wunde mit an meiner!
Titus, verlach mich nicht! So ist's! So ist's!
Allein die Menschen lieben sich nicht so! *(Ab.)*


# FÜNFTER AKT

Großer Audienzsaal, wie im ersten Akt.

*Man erblickt Thron und Richtertafel.*

### ERSTE SZENE

*Herodes und Salome.*

**Herodes.** Hör auf, hör auf! Ich habe das Gericht
Bestellt und werde seinen Spruch vollziehn!
Ich, der ich sonst vor jedem Fieber bebte,
Wenn's auch nur ihre Kammerfrau befiel,
Ich selbst bewaffne gegen sie den Tod!
Das sei genug! Wenn dich dein Eifer noch
Nicht ruhen läßt, wird er sein Ziel verfehlen,
Ich werde denken, daß der Haß allein
Aus deinem Munde spricht, und dich als Zeugin
Verwerfen, wenn ich jede Kerze auch
Als solche gelten lasse, die geflammt,
Und jede Blume, die geduftet hat!
**Salome.** Herodes! Leugnen will ich's nicht, ich habe
Nach ihren Fehlern einst gespäht und sie
Vergrößert, wie du selbst die Tugenden,
Die du an ihr entdecktest. War der Stolz,
Womit sie mir und deiner Mutter immer
Begegnete, war er ein Grund zur Liebe?
Sie gab sich als ein Wesen höhrer Art,
Das niemals einen anderen Gedanken,
Als den, in mir erregte: wozu ist

    Das dicke Buch, das von den Heldentaten
    Der Makkabäer uns erzählt, nur da?
    Die trägt ja selbst die Chronik im Gesicht!
Herodes. Du willst mich widerlegen und besiegelst
    Den Spruch, den ich gefällt!
Salome.                   Hör mich nur aus!
    So war's, ich leugn' es nicht. Doch wenn ich jetzt
    Mehr sagte, als ich weiß und denk und fühle,
    Ja, wenn ich nicht aus schwesterlichem Mitleid
    Die Hälfte dessen, was ich sagen könnte,
    Noch in der Brust verschloß, so soll mein Kind –
    Ich liebe es ja wohl? – so viele Jahre
    Erleben, als sein Scheitel Haare zählt,
    Und jeder Tag ihm so viel Schmerzen bringen,
    Als er Minuten, ja Sekunden hat!
Herodes. Der Schwur ist fürchterlich!
Salome.                   Und dennoch fällt er
    Mir leichter, als das Wort: die Nacht ist schwarz!
    Mein Auge könnte krank sein, doch unmöglich
    Ist mit dem Auge krank zugleich das Ohr,
    Ja, der Instinkt, das Herz und jegliches
    Organ, das meine Sinne unterstützt!
    Und alle stimmen diesmal so zusammen,
    Als könnten sie sich gar nicht widersprechen.
    Ja, hätte Gott in jener Festesnacht
    Mir aus des Himmels Höhen zugerufen:
    Von welchem Übel soll ich eure Erde
    Befrein, du hast die Wahl, so hätt' ich nicht
    Die Pest, ich hätt' dein böses Weib genannt!
    Mir schauderte vor ihr, mir war zumut,
    Als hätt' ich einem Dämon aus der Hölle
    Im Finstern meine Menschenhand gereicht,
    Und er verhöhnte mich dafür, er träte
    In seiner eignen schrecklichen Gestalt
    Aus dem gestohlnen Leib von Fleisch und Blut
    Hervor und grinste mich durch Flammen an.
    Auch schauderte mir nicht allein, der Römer
    Sogar, der eh'rne Titus, war entsetzt!
Herodes. Jawohl, und der wiegt schwerer, als du selbst,
    Denn, wie er keinen liebt, so haßt er keinen

Und ist gerecht, wie Geister ohne Blut.
Verlaß mich jetzt, denn ich erwarte ihn!
Salome. Nein, niemals werd' ich diesen Tanz vergessen,
Bei dem sie nach dem Takte der Musik
Den Boden trat, als wüßte sie's gewiß,
Daß du darunter lagst! Bei Gott, ich wollte,
Ich müßte das nicht sagen! Denn ich weiß,
Wie tief es dich, der du ihr Mutter, Schwester,
Und was nicht, opfertest, empören muß!
Allein, so war es! *(Ab.)*


ZWEITE SZENE

Herodes *(allein).*   Titus sagte mir
Das nämliche! Auch sah ich selbst genug!
Und die hat recht! Ich habe ihr die Schwester
Und fast die Mutter auch geopfert: wögen
Die nicht den Bruder auf, den sie verlor?
In ihren Augen nicht!


DRITTE SZENE

*Titus tritt ein.*

Herodes.          Nun, Titus, nun?
Bekennt Soemus?
Titus.          Was du weißt! Nicht mehr!
Herodes. Nichts von –
Titus.              O nein! Er fuhr, wie rasend, auf,
Als ich von fern nur darauf deutete!
Herodes. Ich konnte es erwarten!
Titus.                    Niemals hätte
Ein Weib, wie deins, gelebt, und niemals sei
Ein Mann des Kleinods, das ihm Gott beschieden,
So wenig wert gewesen –
Herodes.          Als ich selbst!
Ja, ja! – „Er wußte nicht, was Perlen sind,
Drum nahm ich ihm sie weg!" So sprach der Dieb.
Ich weiß nicht, half's ihm was?

**Titus.** Ihr Herz sei edler
Als Gold –
**Herodes.** So kennt er es? Er ist berauscht
Und lobt den Wein! Ist das nicht ein Beweis,
Daß er getrunken hat? Was schützte er
Denn vor? Warum verriet er meinen Auftrag
An sie?
**Titus.** Aus Abscheu, wie er sagt!
**Herodes.** Aus Abscheu?
Und diesen Abscheu sprach er mir nicht aus?
**Titus.** Wär' das ihm wohl bekommen? Hättest du
Den starren Diener leben lassen können,
Der den Befehl einmal von dir empfing
Und ihn zurückwies?
**Herodes.** War's in solchem Fall
Denn nicht genug, ihn unvollführt zu lassen?
**Titus.** Gewiß! Doch wenn er weiter ging, so tat er's
Vielleicht, weil du ihm schon verloren schienst,
Und weil er nun die Gunst der Königin
Auf deine Kosten sich erkaufen wollte,
In deren Händen seine Zukunft lag.
**Herodes.** Nein, Titus, nein! Soemus war der Mann,
In eigener Person den Griff zu wagen,
Der uns die fremde Gunst entbehrlich macht!
Nur darum übertrug ich's ihm, ich dachte:
Er tut's für sich, wenn er's für dich nicht tut!
Ja, wär' er ein Geringrer, als er ist,
Und hätt' er nicht in Rom die vielen Freunde,
So wollt' ich's glauben, aber jetzt – Nein, nein!
Es gab nur einen Grund!
**Titus.** Und dennoch räumt
Er den nicht ein!
**Herodes.** Er wär' nicht, was er ist,
Wenn er es täte, denn er weiß gar wohl,
Was folgen wird, und hofft nun, durch sein Leugnen
In meiner Brust noch einen letzten Zweifel
Zu wecken, der, wenn nicht sein eignes Haupt,
So doch das ihrige, vorm Tode schützt!
Allein er irrt, dem Zweifel fehlt der Stachel,
Denn hätt' ich nichts zu strafen, was sie tat,

So straft' ich, was sie ward, und was sie ist!
Ha! Wär' sie je gewesen, was sie schien:
Sie hätte so sich nie verwandeln können,
Und Rache nehm ich an der Heuchlerin!
Ja, Titus, ja, ich schwör es bei dem Schlüssel
Zum Paradies, den sie in Händen hält;
Bei aller Seligkeit, die sie mir schon
Gewährte und mir noch gewähren kann;
Ja, bei dem Schauder, der mich eben mahnt,
Daß ich in ihr mich selbst vernichten werde:
Ich mach ein Ende, wie's auch stehen mag!
Titus. Es ist zu spät, dir warnend zuzurufen:
Gib den Befehl nicht! und ich kenne selbst
Kein Mittel, das zur Klarheit führen kann,
Drum wag ich nicht zu sagen: halte ein!

VIERTE SZENE

*Joab tritt ein.*

Herodes. Sind sie versammelt?
Joab.                Längst! Aus dem Gefängnis
  Muß ich dir melden, was mir wichtig scheint!
  Man kann den Sameas nicht so weit bringen,
  Daß er sich selbst entleibt!
Herodes.              Ich gab Befehl,
  Daß man ihn martern soll, bis er es tut!
  *(Zu Titus.)*
  Der hat geschworen, hört' ich, sich zu töten,
  Wenn er mich nicht zu seinesgleichen machen,
  Den Heidensinn in mir, wie er es nennt,
  Nicht brechen könne. Da ihm das mißlang,
  So zwinge ich ihn, seinen Schwur zu halten,
  Er hat den Tod wohl tausendfach verdient!
Titus. Ich hätte selbst auf seinen Tod gedrungen,
  Denn er hat mich beschimpft und Rom in mir,
  Und das kann überall verziehen werden,
  Nur hier nicht, wo das Volk so störrig ist!
Herodes *(zu Joab).*
  Nun denn!

Joab.          Man tat getreu nach deinen Worten,
  Allein es half zu nichts. Der Henker hat
  Fast jede Qual ihm angetan, er hat
  Ihm obendrein, ergrimmt ob seinem Trotz,
  Den er für Hohn nahm, Wunden beigebracht,
  Doch ist's, als hätt' er einen Baum gegeißelt,
  Als hätte er in Holz hineingeschnitten:
  Der Alte steht so da, als fühlt' er nichts,
  Er singt, anstatt zu schrein und nach dem Messer
  Zu greifen, das ihm vorgehalten wird,
  Er singt den Psalm, den die drei Männer einst
  Im feur'gen Ofen sangen, er erhebt
  Bei jedem neuen Schmerz die Stimme lauter
  Und, wenn er einhält, prophezeiet er gar!
Herodes *(für sich).*
  So sind sie! Ja! – Und wird sie anders sein?
Joab. Dann ruft er aus, als hätt' er für geheime
  Und wunderbare Dinge so viel Augen
  Bekommen, als er Wunden zählt, nun sei
  Die Zeit erfüllt, und in die Krippe lege
  Die Jungfrau-Mutter aus dem Stamme Davids
  In diesem heil'gen Augenblick ein Kind,
  Das Throne stürzen, Tote wecken, Sterne
  Vom Himmel reißen und von Ewigkeit
  Zu Ewigkeit die Welt regieren werde.
  Das Volk indes, zu Tausenden versammelt,
  Harrt draußen vor den Toren, hört das alles
  Und glaubt, daß sich Elias' Flammenwagen
  Herniedersenken wird, um ihn, wie den,
  Emporzutragen. Selbst ein Henkersknecht
  Erschrak und hielt, anstatt ihm neue Wunden
  Zu schlagen, ihm die alten zu!
Herodes.                     Man soll
  Ihn auf der Stelle töten, und dem Volk
  Ihn zeigen, wenn er tot ist! – Laß dann auch
  Die Richter kommen und –
Joab.                    Die Königin! *(Ab.)*
Herodes. Du, Titus, wirst an meiner Seite sitzen!
  Auch ihre Mutter habe ich geladen,
  Damit es ihr nicht an der Zeugin fehlt.

## FÜNFTE SZENE

*Aaron und die übrigen fünf Richter treten ein. Alexandra und Salome folgen. Joab erscheint gleich darauf.*

Alexandra.
  Mein König und mein Herr, sei mir gegrüßt!
Herodes. Ich danke dir!
*(Er setzt sich auf seinen Thron. Titus setzt sich ihm zur Seite. Die Richter setzen sich dann auf seinen Wink im Halbkreis um die Tafel.)*
Alexandra *(während dies geschieht).*
                    Vom Schicksal Mariamnens
  Scheid ich das meinige, und spare mich,
  Wie eine Fackel, für die Zukunft auf!
*(Sie setzt sich neben Salome.)*
Herodes *(zu den Richtern).*
  Ihr wißt, warum ich euch berufen ließ!
Aaron. In tiefstem Schmerz erschienen wir vor dir!
Herodes. Nicht zweifl' ich! Mir und meinem Hause seid
  Ihr alle eng befreundet und verwandt,
  Was mich trifft, trifft euch mit! Euch wird es freun,
  Wenn ihr die Königin, die – *(Er stockt.)* Schenkt mir das!
  Euch wird es freun, wenn ihr sie nicht verdammen,
  Wenn ihr, anstatt nach Golgatha hinaus,
  Zurück mir in das Haus sie schicken dürft,
  Doch werdet ihr auch vor dem Äußersten
  Nicht mutlos zittern, wenn es nötig wird,
  Denn, wie ihr Glück und Unglück mit mir teilt,
  So teilt ihr Schmach und Ehre auch mit mir.
  Wohlan denn!
*(Er gibt Joab ein Zeichen. Joab geht ab. Dann erscheint er wieder mit Mariamne. – Es entsteht eine lange Pause.)*
                    Aaron!
Aaron.           Königin! Uns ward
  Ein schweres Amt! Du stehst vor deinen Richtern!
Mariamne.
  Vor meinen Richtern, ja, und auch vor euch!
Aaron. Erkennst du dies Gericht nicht an?
Mariamne.                                Ich sehe
  Ein höhres hier! Wenn das auf eure Fragen

Die Antwort mir gestattet, werd' ich reden,
Und schweigen werd' ich, wenn es sie verbeut! –
Mein Auge sieht euch kaum! Denn hinter euch
Stehn Geister, die mich stumm und ernst betrachten,
Es sind die großen Ahnen meines Stamms.
Drei Nächte sah ich sie bereits im Traum,
Nun kommen sie bei Tage auch, und wohl
Erkenn ich, was es heißt, daß sich der Reigen
Der Toten schon für mich geöffnet hat
Und daß, was lebt und atmet, mir erbleicht.
Dort, hinter jenem Thron, auf dem ein König
Zu sitzen scheint, steht Judas Makkabäus:
Du Held der Helden, blicke nicht so finster
Auf mich herab, du sollst mit mir zufrieden sein!
Alexandra. Sei nicht zu trotzig, Mariamne!
Mariamne. Mutter!
Leb wohl! –
*(Zu Aaron.)* Weswegen bin ich hier verklagt?
Aaron. Du habest deinen König und Gemahl
Betrogen – *(Zu Herodes.)* Nicht?
Mariamne. Betrogen? Wie? Unmöglich!
Hat er mich nicht gefunden, wie er mich
Zu finden dachte? Nicht bei Tanz und Spiel?
Zog ich, als ich von seinem Tode hörte,
Die Trauerkleider an? Vergoß ich Tränen?
Zerrauft' ich mir das Haar? Dann hätt' ich ihn
Betrogen, doch ich hab es nicht getan
Und kann es dartun. Salome, sprich du!
Herodes.
Ich fand sie, wie sie sagt. Sie braucht sich nicht
Nach einem andern Zeugen umzusehn.
Doch niemals, niemals hätte ich's gedacht!
Mariamne.
Niemals gedacht? Und doch verlarvt den Henker
Dicht hinter mich gestellt? Das kann nicht sein!
Wie ich beim Scheiden stand vor seinem Geist,
So hat er mich beim Wiedersehn gefunden,
Drum muß ich leugnen, daß ich ihn betrog!
Herodes *(in ein wildes Gelächter ausbrechend).*
Sie hat mich nicht betrogen, weil sie nichts

Getan, als was das Vorgefühl, die Ahnung,
Wie preis ich sie, die düstre Warnerin!
Mich fürchten ließ –
*(Zu Mariamne.)*     Weib! Weib! Dies steht dir an!.
Doch baue nicht zu fest darauf, daß ich
Mit Glück und Ruhe auch die Kraft verlor,
Mir blieb vielleicht ein Rest noch für die Rache,
Und – schon als Knabe schoß ich einem Vogel
Stets einen Pfeil nach, wenn er mir entflog.

Mariamne.
Sprich nicht von Vorgefühl und Ahnung, sprich
Von Furcht allein! Du zittertest vor dem,
Was du verdientest! Das ist Menschenart!
Du kannst der Schwester nicht mehr traun, seit du
Den Bruder tötetest, du hast das Ärgste
Mir zugefügt und glaubst nun, daß ich's dir
Erwidern, ja, dich überbieten muß!
Wie, oder hast du stets, wenn du dem Tod
In ehrlich-offnem Krieg entgegenzogst,
Den Henker hinter mich gestellt? Du schweigst!
Wohlan denn! Da du's selbst so tief empfindest,
Was sich für mich geziemt, da deine Furcht
Mich über meine Pflicht belehrt, so will
Ich endlich diese heil'ge Pflicht erfüllen,
Drum scheid ich mich auf ewig von dir ab!

Herodes.
Antwort! Bekennst du? Oder tust du's nicht?
*(Mariamne schweigt. – Herodes zu den Richtern.)*
Ihr seht, das Eingeständnis fehlt! Und auch
Beweise hab ich nicht, wie ihr sie braucht!
Doch habt ihr nicht einmal einen Mörder schon
Zum Tod verdammt, weil des Erschlagnen Kleinod,
Sich bei ihm fand. Es half ihm nichts, daß er
Auf seine wohlgewaschnen Hände wies,
Und nichts, daß er euch schwur, der Tote habe
Es ihm geschenkt: Ihr ließt den Spruch vollziehn!
Wohlan! So steht's auch hier! Sie hat ein Kleinod,
Was mir bezeugt, unwidersprechlicher,
Wie's irgendeine Menschenzunge könnte,
Daß sie den Greul der Greul an mir beging.

Ein Wunder hätt' nicht bloß geschehn, es hätte
Sich wiederholen müssen, wär' es anders,
Und Wunder wiederholten sich noch nie!
*(Mariamne macht eine Bewegung.)*
Zwar wird sie sprechen, wie der Mörder sprach:
Man habe ihr's geschenkt! Auch darf sie's wagen,
Denn, wie ein Wald, ist eine Kammer stumm.
Doch, wäret ihr versucht, ihr das zu glauben,
So setz ich euch mein innerstes Gefühl
Und die Ergründung aller Möglichkeiten
Entgegen, und verlange ihren Tod.
Ja, ihren Tod! Ich will den Kelch des Ekels
Nicht leeren, den der Trotz mir beut, ich will
Nicht Tag für Tag mich mit dem Rätsel quälen,
Ob solch ein Trotz das widerwärtigste
Gesicht der Unschuld, ob die frechste Larve
Der Sünde ist, ich will mich aus dem Wirbel
Von Haß und Liebe, eh' er mich erstickt,
Erretten, kost es, was es kosten mag!
Darum hinweg mit ihr! – Ihr zögert noch?
Es bleibt dabei! – Wie? – Oder traf ich's nicht?
Sprecht ihr! Ich weiß, das Schweigen ist an mir!
Doch sprecht! Sprecht! Sitzt nicht da, wie Salomo
Zwischen den Müttern mit den beiden Kindern!
Der Fall ist klar! Ihr braucht nicht mehr zum Spruch,
Als was ihr seht! Ein Weib, das dastehn kann,
Wie sie, verdient den Tod, und wär' sie rein
Von jeder Schuld! Ihr sprecht noch immer nicht?
Wollt ihr vielleicht erst den Beweis, wie fest
Ich überzeugt bin, daß sie mich betrog?
Den geb ich euch durch des Soemus Kopf,
Und das sogleich! *(Er geht auf Joab zu.)*
Titus *(erhebt sich).*    Dies nenn ich kein Gericht!
Verzeih! *(Er will gehen.)*
Mariamne.
        Bleib, Römer, ich erkenn es an!
Wer will's verwerfen, wenn ich selber nicht!
*(Titus setzt sich wieder. – Alexandra steht auf. Mariamne
            tritt zu ihr heran, halblaut.)*
Du hast viel Leid mir zugefügt, du hast

Nach meinem Glück das deine nie gemessen!
Soll ich es dir verzeihn, so schweige jetzt!
Du änderst nichts, mein Entschluß ist gefaßt.
  *(Alexandra setzt sich wieder.)*
  Nun, Richter?
Aaron *(zu den übrigen).*
              Wer von euch den Spruch des Königs
Nicht für gerecht hält, der erhebe sich!
  *(Alle bleiben sitzen.)*
So habt ihr alle auf den Tod erkannt!
*(Er steht auf.)* Du bist zum Tod verurteilt, Königin! –
Hast du noch was zu sagen?
Mariamne.          Wenn der Henker
Nicht zum voraus bestellt ist und auf mich
Schon wartet mit dem Beil, so möchte ich
Vorm Tode noch mit Titus ein Gespräch.
*(Zu Herodes.)*
Man pflegt den Sterbenden die letzte Bitte
Nicht abzuschlagen. Wenn du sie gewährst,
So sei mein Leben deinem zugelegt!
Herodes.
Der Henker ist noch nicht bestellt – ich kann's!
Und da du mir dafür die Ewigkeit
Als Lohn versprichst, so muß und will ich auch!
*(Zu Titus.)*
Ist dieses Weib nicht fürchterlich?
Titus.                    Sie steht
Vor einem Mann, wie keine stehen darf!
Drum endige!
Salome *(tritt heran).*
          O tu es! Deine Mutter
Ist krank bis auf den Tod! Sie wird gesund,
Wenn sie das noch erlebt!
Herodes *(zu Alexandra).*    Sprachst du nicht was?
Alexandra. Nein!
*(Herodes sieht Mariamnen lange an. Mariamne bleibt*
                *stumm.)*
Herodes.      Stirb!
  *(Zu Joab.)*            Ich leg's in deine Hand!
      *(Schnell ab. Ihm folgt Salome.)*

Alexandra *(ihm nachsehend).* Ich habe
  Noch einen Pfeil für dich!
  *(Zu Mariamne.)* Du wolltest's so!
Mariamne. Ich danke dir!
  *(Alexandra ab.)*
Aaron *(zu den übrigen Richtern).*
  Versuchen wir nicht noch,
  Ihn zu erweichen? Mir ist dies entsetzlich!
  Es ist die letzte Makkabäerin!
  Wenn wir nur kurzen Aufschub erst erlangten!
  Jetzt ging's nicht an, daß wir ihm widerstrebten,
  Bald wird er selbst ein andrer wieder sein.
  Und möglich ist's, daß er uns dann bestraft,
  Weil wir ihm heut nicht Widerstand getan!
  Ihm nach! *(Ab.)*
Joab *(nähert sich Mariamnen).*
  Vergibst du mir? Ich muß gehorchen!
Mariamne. Tu, was dein Herr gebot, und tu es schnell!
  Ich bin bereit, sobald du selbst es bist,
  Und Königinnen, weißt du, warten nicht!
  *(Joab ab.)*


SECHSTE SZENE

Mariamne *(tritt zu Titus).*
  Nun noch ein Wort vorm Schlafengehn, indes
  Mein letzter Kämmrer mir das Bette macht!
  Du staunst, ich seh es, daß ich dieses Wort
  An dich, und nicht an meine Mutter, richte,
  Allein sie steht mir fern und ist mir fremd.
Titus. Ich staune, daß ein Weib mich lehren soll,
  Wie ich als Mann dereinst zu sterben habe!
  Ja, Königin, unheimlich ist dein Tun
  Und, ich verhehl's nicht, selbst dein Wesen mir,
  Allein ich muß den Heldensinn verehren,
  Der dich vom Leben scheiden läßt, als schiene
  Die schöne Welt dir auf dem letzten Gang
  Nicht einmal mehr des flücht'gen Umblicks wert,
  Und dieser Mut versöhnt mich fast mit dir!

Mariamne. Es ist kein Mut!
Titus.                           Zwar hat man mir gesagt
    Daß eure finstern Pharisäer lehren,
    Im Tode geh' das Leben erst recht an,
    Und daß, wer ihnen glaubt, die Welt verachtet,
    In welcher nur die Sonne ewig leuchtet
    Und alles übrige in Nacht verlischt!
Mariamne. Ich hörte nie auf sie und glaub es nicht!
    O nein, ich weiß, wovon ich scheiden soll!
Titus. Dann stehst du da, wie Cäsar selber kaum,
    Als ihm von Brutus' Hand der Dolchstoß kam,
    Denn er, zu stolz, um seinen Schmerz zu zeigen,
    Und doch nicht stark genug, ihn zu ersticken,
    Verhüllte fallend sich das Angesicht;
    Du aber hältst ihn in der Brust zurück!
Mariamne.
    Nicht mehr! Nicht mehr! Es ist nicht, wie du denkst!
    Ich fühle keinen Schmerz mehr, denn zum Schmerz
    Gehört noch Leben, und das Leben ist
    In mir erloschen, ich bin längst nur noch
    Ein Mittelding vom Menschen und vom Schatten
    Und faß es kaum, daß ich noch sterben kann.
    Vernimm jetzt, was ich dir vertrauen will,
    Doch erst gelobe mir als Mann und Römer,
    Daß du's verschweigst, bis ich hinunter bin,
    Und daß du mich geleitest, wenn ich geh.
    Du zögerst? Fodre ich zuviel von dir?
    Es ist des Strauchelns wegen nicht! Und ob
    Du später reden, ob du schweigen willst,
    Entscheide selbst. Ich binde dich in nichts
    Und halte meinen Wunsch sogar zurück.
    Dich aber hab ich darum auserwählt,
    Weil du schon immer, wie ein eh'rnes Bild
    In eine Feuersbrunst, gelassen-kalt
    Hineingeschaut in unsre Hölle hast.
    Dir muß man glauben, wenn du Zeugnis gibst,
    Wir sind für dich ein anderes Geschlecht,
    An das kein Band dich knüpft, du sprichst von uns,
    Wie wir von fremden Pflanzen und von Steinen,
    Parteilos, ohne Liebe, ohne Haß!

**Titus.** Du gehst zu weit!
**Mariamne.** Verweigerst du mir jetzt,
Zu starr, dein Wort, so nehm ich mein Geheimnis
Mit mir ins Grab und muß den letzten Trost
Entbehren, den, daß *eines* Menschen Brust
Mein Bild doch rein und unbefleckt bewahrt,
Und daß er, wenn der Haß sein Ärgstes wagt,
Den Schleier, der es deckt, aus Pflichtgefühl
Und Ehrfurcht vor der Wahrheit heben kann!
**Titus.** Wohl! Ich gelob es dir!
**Mariamne.** So wisse denn,
Daß ich Herodes zwar betrog, doch anders,
Ganz anders, als er wähnt! Ich war ihm treu,
Wie er sich selbst. Was schmäh ich mich? Viel treuer,
Er ist ja längst ein andrer, als er war.
Soll ich das erst beteuern? Eher gleich
Entschließ ich mich, zu schwören, daß ich Augen
Und Händ' und Füße habe. Diese könnt' ich
Verlieren, und ich wär' noch, was ich bin,
Doch Herz und Seele nicht!
**Titus.** Ich glaube dir
Und werde –
**Mariamne.** Halten, was du mir verspracht!
Ich zweifle nicht! Nun frag dich, was ich fühlte,
Als er zum zweiten Mal, denn einmal hatte
Ich's ihm verziehn, mich unters Schwert gestellt,
Als ich mir sagen mußte: eher gleicht
Dein Schatten dir, als das verzerrte Bild,
Das er im tiefsten Innern von dir trägt!
Das hielt ich nicht mehr aus, und konnt' ich's denn?
Ich griff zu meinem Dolch, und, abgehalten
Vom rasch versuchten Selbstmord, schwur ich ihm:
Du willst im Tode meinen Henker machen?
Du sollst mein Henker werden, doch im Leben!
Du sollst das Weib, das du erblicktest, töten
Und erst im Tod mich sehen, wie ich bin! –
Du warst auf meinem Fest. Nun: Eine Larve
Hat dort getanzt!
**Titus.** Ha!
**Mariamne.** Eine Larve stand

     Heut vor Gericht, für eine Larve wird
     Das Beil geschliffen, doch es trifft mich selbst!
Titus. Ich steh erschüttert, Königin, auch zeih ich
     Dich nicht des Unrechts, doch ich muß dir sagen:
     Du hast mich selbst getäuscht, du hast mich so
     Mit Grau'n und Abscheu durch dein Fest erfüllt,
     Wie jetzt mit schaudernder Bewunderung.
     Und, wenn das mir geschah, wie hätte ihm
     Der Schein dein Wesen nicht verdunkeln sollen,
     Ihm, dessen Herz, von Leidenschaft bewegt,
     So wenig, wie ein aufgewühlter Strom,
     Die Dinge spiegeln konnte, wie sie sind.
     Drum fühl ich tiefes Mitleid auch mit ihm
     Und deine Rache finde ich zu streng!
Mariamne. Auf meine eignen Kosten nehm ich sie!
     Und daß es nicht des Lebens wegen war,
     Wenn mich der Tod des Opfertiers empörte,
     Das zeige ich, ich werf das Leben weg!
Titus. Gib mir mein Wort zurück!
Mariamne.                    Und wenn du's brächest,
     Du würdest nichts mehr ändern. Sterben kann
     Ein Mensch den andern lassen; fortzuleben,
     Zwingt auch der Mächtigste den Schwächsten nicht.
     Und ich bin müde, ich beneide schon
     Den Stein, und wenn's der Zweck des Lebens ist,
     Daß man es hassen und den ew'gen Tod
     Ihm vorziehen lernen soll, so wurde er
     In mir erreicht. Oh, daß man aus Granit,
     Aus nie zerbröckelndem, den Sarg mir höhlte
     Und in des Meeres Abgrund ihn versenkte,
     Damit sogar mein Staub den Elementen
     Für alle Ewigkeit entzogen sei!
Titus. Wir leben aber in der Welt des Scheins!
Mariamne. Das seh ich jetzt, drum gehe ich hinaus!
Titus. Ich selbst, ich habe gegen dich gezeugt!
Mariamne. Damit du's tätest, lud ich dich zum Fest!
Titus. Wenn ich ihm sagte, was du mir gesagt –
Mariamne. So riefe er mich um, ich zweifle nicht!
     Und folgte ich, so würde mir der Lohn,
     Daß ich vor einem jeden, der mir nahte,

Von jetzt an schaudern und mir sagen müßte:
Hab acht, das kann dein dritter Henker sein!
Nein, Titus, nein, ich habe nicht gespielt,
Für mich gibt's keinen Rückweg. Gäb' es den,
Glaubst du, ich hätt' ihn nicht entdeckt, als ich
Von meinen Kindern ew'gen Abschied nahm?
Wenn nichts, als Trotz mich triebe, wie er meint,
Der Schmerz der Unschuld hätt' den Trotz gebrochen:
Jetzt machte er nur bittrer mir den Tod!
Titus. Oh, fühlt' er das und käm' von selbst, und würfe
Sich dir zu Füßen!
Mariamne.          Ja! Dann hätte er
Den Dämon überwunden, und ich könnte
Ihm alles sagen! Denn ich sollte nicht
Unwürdig mit ihm markten um ein Leben,
Das durch den Preis, um den ich's kaufen kann,
Für mich den letzten Wert verlieren muß,
Ich sollte ihn für seinen Sieg belohnen,
Und, glaube mir, ich könnt' es!
Titus.                    Ahnst du nichts,
Herodes?
*(Joab tritt geräuschlos ein und bleibt schweigend stehen.)*
Mariamne.   Nein! Du siehst, er schickt mir den!
 *(Deutet auf Joab.)*
Titus. Laß mich –
Mariamne.      Hast du mich nicht verstanden, Titus?
Ist es in deinen Augen noch der Trotz,
Der mir den Mund verschloß? Kann ich noch leben?
Kann ich mit dem noch leben, der in mir
Nicht einmal Gottes Ebenbild mehr ehrt?
Und, wenn ich dadurch, daß ich schwieg, den Tod
Heraufbeschwören und ihn waffnen konnte,
Sollt' ich mein Schweigen brechen? Sollt' ich erst
Den einen Dolch vertauschen mit dem andern?
Und wär' es mehr gewesen?
Titus.                Sie hat recht!
Mariamne *(zu Joab)*.
  Bist du bereit?
*(Joab verneigt sich. – Mariamne gegen Herodes' Gemächer.)*
          Herodes, lebe wohl!

*(Gegen die Erde.)* Du, Aristobolus, sei mir gegrüßt!
Gleich bin ich bei dir in der ew'gen Nacht!
*(Sie schreitet auf die Tür zu. Joab öffnet. Man sieht Bewaffnete, die ehrerbietig Reihen bilden. Sie geht hinaus. Titus folgt ihr. Joab schließt sich an. Feierliche Pause.)*


### SIEBENTE SZENE

**Salome** *(tritt ein).*
  Sie ging! Und dennoch schlägt das Herz mir nicht!
  Ein Zeichen mehr, daß sie ihr Los verdient.
  So hab ich endlich meinen Bruder wieder
  Und meine Mutter ihren Sohn! Wohl mir,
  Daß ich nicht von ihm wich. Die Richter hätten
  Ihn sonst noch umgestimmt. Nein, Aaron, nein,
  Nichts von Gefangenschaft! Im Kerker bliebe
  Sie keinen Mond. Das Grab nur hält sie fest,
  Denn nur zum Grabe hat er keinen Schlüssel.


### ACHTE SZENE

**Ein Diener.** Drei Kön'ge aus dem Morgenland sind da,
  Mit köstlichen Geschenken reich beladen,
  Sie kommen an in diesem Augenblick,
  Und nie noch sah man fremdere Gestalten
  Und wundersamre Trachten hier, wie die!
**Salome.** Führ sie herein!
      *(Diener ab.)*
              Die meld ich ihm sogleich.
  Solange die bei ihm sind, denkt er nicht
  An sie! Und bald ist alles aus mit ihr!
*(Sie geht zu Herodes hinein.)*
*(Der Diener führt die drei Könige herein. Sie sind fremdartig gekleidet und so, daß sie sich in allem voneinander unterscheiden. Ein reiches Gefolge, von dem dasselbe gilt, begleitet sie. Gold, Weihrauch und Myrrhen. Herodes tritt mit Salome gleich nachher ein.)*
**Erster König.** Heil, König, dir!
**Zweiter König.**                 Gesegnet ist dein Haus!

**Dritter König.** Gebenedeit in alle Ewigkeit!
**Herodes.**
  Ich dank euch! Doch für diese Stunde dünkt
  Der Gruß mir seltsam!
**Erster König.** Ward dir nicht ein Sohn
  Geboren?
**Herodes.** Mir? O nein! Mir starb mein Weib!
**Erster König.** So ist hier unsers Bleibens nicht!
**Zweiter König.** So gibt's
  Hier einen zweiten König noch!
**Herodes.** Dann gäbe
  Es keinen hier.
**Dritter König.** So gibt's hier außer deinem
  Noch einen zweiten königlichen Stamm!
**Herodes.** Warum?
**Erster König.** So ist es!
**Zweiter König.** Ja, so muß es sein!
**Herodes.** Auch davon weiß ich nichts!
**Salome** *(zu Herodes).* In Bethlehem
  Hat sich vom Stamme Davids noch ein Zweig
  Erhalten!
**Dritter König.**
        David war ein König?
**Herodes.** Ja!
**Erster König.** So ziehen wir nach Bethlehem hinab!
**Salome** *(fährt fort zu Herodes).*
  Allein er pflanzt sich nur in Bettlern fort!
**Herodes.** Das glaub ich! Sonst –
**Salome.** Ich sprach einst eine Jungfrau
  Aus Davids Haus, Maria, glaub ich, hieß sie,
  Die fand ich schön genug für ihre Abkunft,
  Doch war sie einem Zimmermann verlobt
  Und schlug die Augen gegen mich kaum auf,
  Als ich sie nach dem Namen fragte!
**Herodes.** Hört ihr's?
**Zweiter König.** Gleichviel! Wir gehn!
**Herodes.** Ihr werdet mir doch erst
  Verkünden, was euch hergeführt?
**Erster König.** Die Ehrfurcht
  Vorm König aller Könige!

**Zweiter König.** Der Wunsch,
Ihm noch vorm Tod ins Angesicht zu schaun!
**Dritter König.**
Die heil'ge Pflicht, ihm huldigend zu Füßen
Zu legen, was auf Erden kostbar ist!
**Herodes.** Wer aber sagte euch von ihm?
**Erster König.** Ein Stern!
Wir zogen nicht zusammen aus, wir wußten
Nichts voneinander, unsre Reiche liegen
Im Osten und im Westen, Meere fließen
Dazwischen, hohe Berge scheiden sie –
**Zweiter König.**
Doch hatten wir denselben Stern gesehn,
Es hatte uns derselbe Trieb erfaßt,
Wir wandelten denselben Weg und trafen
Zuletzt zusammen an demselben Ziel –
**Dritter König.**
Und ob des Königs, ob des Bettlers Sohn,
Das Kind, dem dieser Stern ins Leben leuchtet,
Wird hoch erhöhet werden, und auf Erden
Kein Mensch mehr atmen, der sich ihm nicht beugt!
**Herodes** *(für sich).*
So spricht das alte Buch ja auch! *(Laut.)* Darf ich
Nach Bethlehem euch einen Führer geben?
**Erster König** *(deutet gen Himmel).*
Wir haben einen!
**Herodes.** Wohl! – Wenn ihr das Kind
Entdeckt, so werdet ihr es mir doch melden,
Damit ich es, wie ihr, verehren kann?
**Erster König.**
Wir werden's tun! Nun fort! nach Bethlehem!
*(Alle ab.)*
**Herodes.**
Sie werden's nicht tun!
*(Joab und Titus treten auf. Alexandra folgt ihnen.)*
Ha!
**Joab.** Es ist vollbracht!
*(Herodes bedeckt sich das Gesicht.)*
**Titus.** Sie starb. Jawohl. Ich aber habe jetzt
Ein noch viel fürchterlicheres Geschäft,

Als der, der deinen blut'gen Spruch vollzog:
Ich muß dir sagen, daß sie schuldlos war.
Herodes. Nein, Titus, nein!
*(Titus will sprechen. Herodes tritt dicht vor ihn hin.)*
                    Denn, wäre das, so hättest
Du sie nicht sterben lassen.
Titus.                    Niemand konnte
Das hindern, als du selbst! – Es tut mir weh,
Daß ich dir mehr, als Henker, werden muß,
Doch, wenn es heil'ge Pflicht ist, einen Toten,
Wer er auch immer sein mag, zu bestatten,
So ist die Pflicht noch heil'ger, ihn von Schmach
Zu reinigen, wenn er sie nicht verdient,
Und diese Pflicht gebeut mir jetzt allein!
Herodes. Ich seh aus allem, was du sprichst, nur eins:
Ihr Zauber war ihr selbst im Tode treu!
Was groll ich dem Soemus noch! Wie sollt' er
Der Blendenden im Leben widerstehn!
Dich hat sie im Erlöschen noch entflammt!
Titus. Geht Eifersucht selbst übers Grab hinaus?
Herodes.
Wenn ich mich täuschte, wenn aus deinem Mund
Jetzt etwas andres, als ein Mitleid spräche,
Das viel zu tief ist, um nicht mehr zu sein:
Dann müßt' ich dich doch mahnen, daß dein Zeugnis
Sie mit verdammen half, und daß es Pflicht
Für dich gewesen wäre, mich zu warnen,
Sobald dir nur der kleinste Zweifel kam!
Titus. Mich hielt mein Wort zurück und mehr, als das:
Die unerbittliche Notwendigkeit.
Wär' ich nur einen Schritt von ihr gewichen,
So hätte sie sich selbst den Tod gegeben,
Ich sah den Dolch auf ihrer Brust versteckt,
Und mehr als einmal zuckte ihre Hand.
*(Pause.)*
Sie wollte sterben, und sie mußte auch!
Sie hat so viel gelitten und verziehn,
Als sie zu leiden, zu verzeihn vermochte:
Ich habe in ihr Innerstes geschaut.
Wer mehr verlangt, der hadre nicht mit ihr,

Er hadre einzig mit den Elementen,
Die sich nun einmal so in ihr gemischt,
Daß sie nicht weiter konnte. Doch er zeige
Mir auch das Weib, das weiter kam, als sie!
(*Herodes macht eine Bewegung.*)
Sie wollte ihren Tod von dir und rief
Das wüste Traumbild deiner Eifersucht,
Selbstmördrisch gaukelnd und uns alle täuschend,
Auf ihrem Feste in ein trügrisch Sein.
Das fand ich streng, nicht ungerecht. Sie trat
Als Larve vor dich hin, die Larve sollte
Dich reizen, mit dem Schwert nach ihr zu stoßen,
(*Er zeigt auf Joab.*)
Das tatest du, und tötetest sie selbst!
Herodes. So sprach sie. Doch sie sprach aus Rache so!
Titus. So war's. Ich habe gegen sie gezeugt,
Wie gerne möcht' ich zweifeln!
Herodes.                 Und Soemus?
Titus. Ich bin ihm auf dem Todesweg begegnet,
Er trat den seinen an, als sie den ihren
Vollendet hatte, und ihm schien's ein Trost,
Daß sich sein Blut mit ihrem mischen würde,
Wenn auch nur auf dem Block durch Henkers Hand.
Herodes. Ha! Siehst du?
Titus.            Was? Vielleicht hat er im stillen
Für sie geglüht. Doch, wenn das Sünde war,
So war's die seinige, die ihre nicht.
Er rief mir zu: jetzt sterb ich, weil ich sprach,
Sonst müßt' ich sterben, weil ich sprechen könnte,
Denn das war Josephs Los! Der schwur mir noch
Im Tode, daß er schuldlos sei, wie ich!
Das merkt' ich mir!
Herodes (*ausbrechend*).
                Joseph! Rächt der sich auch?
Tut sich die Erde auf? Gehn alle Toten
Hervor?
Alexandra (*tritt vor ihn hin*).
           Das tun sie! – Nein doch! Fürchte nichts!
Es gibt schon eine, welche drunten bleibt!
Herodes. Verfluchte!

*(Er bezwingt sich.)* Sei's so! Wenn denn auch Soemus
Nur *ein* Verbrechen gegen mich beging –
*(Er kehrt sich gegen Salome.)*
Joseph, der ihn mit diesem schnöden Argwohn
Erfüllte, Joseph hat ihn noch im Tode
Belogen, nicht? Joseph – Was schweigst du jetzt?
Salome. Auf Schritt und Tritt verfolgt' er sie –
Alexandra *(zu Herodes).*                    Jawohl!
Doch sicher nur, um die Gelegenheit
Zu finden, deinen Auftrag zu vollziehn
Um sie und mich zu töten –
Herodes.                    Ist das wahr?
*(Zu Salome.)* Und du? Du? –
Alexandra.                    In derselben Stunde fast,
Wo er die Maske völlig fallen ließ,
Hat Mariamne einen Schwur getan,
Sich selbst, wenn du nicht wiederkehren solltest,
Den Tod zu geben. Ich verhehl es nicht,
Daß ich sie darum haßte!
Herodes.                    Fürchterlich!
Und das – das sagst du jetzt erst?
Alexandra.                    Ja!
Titus.                    Ich weiß
Es auch, es war ihr letztes Wort zu mir,
Doch tausend Jahre hätt' ich's dir verschwiegen,
Ich wollte sie nur rein'gen, dich nicht martern!
Herodes.
Dann – *(Die Stimme versagt ihm.)*
Titus.    Fasse dich! Es trifft mich mit!
Herodes.                    Jawohl!
Dich – die *(gegen Salome)*
            – und jeden, welcher hier, wie ich,
Des tück'schen Schicksals blindes Werkzeug war,
Doch ich allein verlor, was man auf Erden
In Ewigkeit nicht wiedersehen wird!
Verlor? Oh! Oh!
Alexandra.    Ha, Aristobolus!
Du bist gerächt, mein Sohn, und ich in dir!
Herodes. Du triumphierst? Du glaubst, ich werde jetzt
Zusammenbrechen? Nein, das werd' ich nicht!

Ich bin ein König, und ich will's die Welt
*(Er macht eine Bewegung, als ob er etwas zerbräche)*
Empfinden lassen! – Auf jetzt, Pharisäer,
Empört euch gegen mich!
*(Zu Salome.)* Und du, was weichst du
Schon jetzt vor mir? Noch hab ich wohl kein andres
Gesicht, allein schon morgen kann's geschehn,
Daß meine eigne Mutter schwören muß,
Ich sei ihr Sohn nicht! – *(Nach einer Pause, dumpf.)*
 Wäre meine Krone
Mit allen Sternen, die am Himmel flammen,
Besetzt: für Mariamne gäbe ich
Sie hin und, hätt' ich ihn, den Erdball mit.
Ja, könnte ich sie dadurch, daß ich selbst,
Lebendig, wie ich bin, ins Grab mich legte,
Erlösen aus dem ihrigen: ich tät's,
Ich grübe mich mit eignen Händen ein!
Allein ich kann's nicht! Darum bleib ich noch
Und halte fest, was ich noch hab! Das ist
Nicht viel, doch eine Krone ist darunter,
Die jetzt an Weibes Statt mir gelten soll,
Und wer nach der mir greift – – Das tut man ja,
Ein Knabe tut das ja, der Wunderknabe,
Den die Propheten längst verkündet haben,
Und dem jetzt gar ein Stern ins Leben leuchtet.
Doch, Schicksal, du verrechnetest dich sehr,
Wenn du, indem du mich mit eh'rnem Fuß
Zertratest, ihm die Bahn zu ebnen glaubtest,
Ich bin Soldat, ich kämpfe selbst mit dir,
Und beiß dich noch im Liegen in die Ferse!
*(Rasch.)* Joab!
 *(Joab tritt heran. Herodes verhalten.)*
 Du ziehst nach Bethlehem hinab
Und sagst dem Hauptmann, welcher dort befiehlt,
Er soll den Wunderknaben – Doch, er findet
Ihn nicht heraus, nicht jeder sieht den Stern,
Und diese Kön'ge sind so falsch, als fromm –
Er soll die Kinder, die im letzten Jahr
Geboren wurden, auf der Stelle töten,
Es darf nicht eins am Leben bleiben!

Joab *(tritt zurück).* Wohl!
  *(Für sich.)* Ich weiß warum! Doch Moses ward gerettet,
  Trotz Pharao!
Herodes *(noch laut und stark).*
            Ich sehe morgen nach! –
  Heut muß ich Mariamne –
  *(Er bricht zusammen.)* Titus!
            *(Titus fängt ihn auf.)*

## Zur Entstehungsgeschichte

Unter dem 12. Dezember 1846 – seit etwas mehr als einem Jahr lebte Hebbel in Wien, seit Mai war er mit Christine Enghaus verheiratet – findet sich die erste Tagebuchnotiz über die Beschäftigung mit der Tragödie *Herodes und Mariamne*. Als Quellen dienten Hebbel vor allem die *Jüdischen Altertümer* und die *Geschichte des Jüdischen Krieges* des Josephus Flavius (37–100); frühere Dramatisierungen des Herodes-Stoffes kannte er wahrscheinlich nicht. Nach sorgfältigen Studien begann er am 23. Februar 1847 mit der eigentlichen Ausarbeitung „nicht ohne die Gunst der Musen". Einen Monat später ist der 1. Akt abgeschlossen, jedoch anschließend „stellt sich eine erbärmliche Pause elendester Ohnmacht ein". Erst am 22. Dezember 1847 war auch der 2. Akt ins reine geschrieben: „Nun ist's gelungen, und ich habe mich dem gesteckten Ziel, einmal eine Tragödie unbedingtester Notwendigkeit zu schreiben, um einen starken Schritt genähert." Im Revolutionsjahr 1848 entstanden dann der 3. und 4. Akt „in *einem* Zuge", der 5. Akt „während der ärgsten Tage des Bombardements und der Einnahme der Stadt". Am 14. November 1848 lag das Drama abgeschlossen vor.

Die Uraufführung fand am 19. April 1849 mit Christine Enghaus als Mariamne im Wiener Burgtheater statt. „Das Spiel war vortrefflich, die Inszenierung glänzend, die Aufnahme im höchsten Grade kühl." Hebbel setzte für die Anerkennung seiner, wie er meinte, bislang besten Tragödie die Hoffnung auf die Buchausgabe 1850 im Verlag Carl Gerold, Wien. An Dingelstedt schrieb er am 12. Juni 1852: „In Herodes ... steckt mehr als es scheint. Eine umfassendere Aufgabe kann ein Dichter sich gar nicht stellen, denn das Stück behandelt keine Völker-, sondern ein allgemeines Weltschicksal; freilich ist es aber mit einer solchen Aufgabe, wenn man nicht zur Trilogie greifen, also das Werk für ewig von der Bühne ausschließen will, auch untrennbar verbunden, nicht zu tief ins Detail hinabzusteigen; nur kann ein Referat, zu dem doch oft gegriffen werden muß, nie in so brennenden Farben glänzen wie die unmittelbare, hier aber bei so weit ausgespanntem Rahmen nur in den Hauptmomenten mögliche Darstellung, und so wird denn leicht die höchste, auf absoluter Konzentration beruhende Kunst mit Kälte verwechselt."  *B.*